第三者承継プロセス

売り手側	承継アドバイザー等	買い手側

承継前段階

第三者承継検討
（第2章第1節1、2、3、4）

第三者承継アドバイザリー
選任検討
（第2章第1節5、6）

第三者承継アドバイザリー契約（第2章第

承継条件のヒ

承継情報の提供

売り手側情報の整理

第三者承継スキームの検討（第2章第1節8）
承継スケジュールの擦り合わせ

ノンネームシートの作成
（第2章第1節9）

バリュエーション業務（第2章第1節10）
情報提供先の検討

第三者承継検討
候補先リスト作成
スケジュール確認
（第2章第1節11、12）

第三者承継アドバイザリー契約（第2章第1節13、14）

承継の打診

トップ会談（第2章第2節1）
諸条件の交渉・調整業務（第2章第2節2）
意向表明書の提出・基本合意書の締結（第2章第2節3）

承継手続

デューデリジェンス対応

デューデリジェンスの実施
（第2章第2節4）

最終承継条件の調整

資金調達等の資金準備

最終合意契約書の締結（第2章第2節5）

引渡のための準備期間（医療法人の場合数カ月間）

引渡および決済

承継後

（第2章第3節1）

承継後の税務申告等

（第2章第3節2）

承継後の経営

※承継アドバイザーは、売り手・買い手それぞれにいるものとする。

はしがき

　人類史上初めてともいえる極端な少子高齢化に直面している我が国の医療界は、相次ぐ医療制度改革、そして新型コロナウイルスにも振り回され、疲弊し切っています。

　昭和の終わりから平成初期に開業した院長が一気に世代交代の時期を迎えるなか、後継者がいない、また子女が医師になっても跡を継ぐことはない等、これまでのように「子どもが親の跡を継ぐのが当然」であった時代は遠くなり、残された選択肢として第三者承継を検討したい、というご相談をいただくことが多くなってきました。

　医療機関の第三者承継といえば、これまでは医師会や出身医局等の人的ネットワークを頼りに相手を探し、どこかで接点を見出して信頼関係を軸に承継を進める、といった昔ながらの手法がとられていたものが、近年では企業のM&Aを多く手掛けてきた大手企業や金融機関等が医業承継の仲介事業にも進出し、巨大なデータベースを用いてそれまでの手法では最も困難だった「マッチング」を進めることで、一気に「成約率」を上げることに成功しています。

　ここで問題となってくるのが、仲介事業を行う企業はデータベースを用いて「成約」することがゴールであるのに対し、第三者承継の当事者であるドクターにとって承継はスタートである、という立場の違いです。

　投資家から集めた資金の運用として仲介事業を行う営利企業の宿命として、成約率と譲渡単価を上げることで素早く手数料収入を得ることが担当者の任務となり、そこでは譲渡後の医師や患者の幸福が優先されることは期待できません。また、それまで営利企業のM&A等を手掛けてきた企業にとって医療機関は、彼らの用語でいう「ディール」の単位が小さい割に法的規制や地域でのしがらみ等の多い業種、という位置付けとなり、それらについて調べる前にまず「成約」を優先してしまう傾向にあります。

その結果、それまでの狭い業界内での人的ネットワーク主導の時代には
あまり聞くことのなかった「ドクター相互の考え方の相違が後から露見した」「制度的に実現不可能な承継契約を結んでいた」「そもそも医療経営を行う資格がない者が医療機関を買って、思いどおりにならないことがわかってすぐに売却した」等のトラブルが多発し、承継後の医療機関の経営や、そこを頼りにしている患者の生活に多くの問題を発生させることが少なくありません。

　本書は、そのようななかで医療機関、特に企業から丁寧に扱われる可能性の低い無床クリニックの第三者承継に絞り、承継後の安定的な医療経営に向けた第三者承継の手順や実務につき、医療機関の経営・運営の支援を専門とする専門職者の共著により、半ば「自分たちのマニュアル本」を意識して解説したものです。

　まだまだ未成熟な分野であり、確立された手法が存在しないなかでの「手作りの実務書」の感はありますが、クリニックの承継前後のドクターと、そこを頼りにされている地域や患者さんのお役に立てましたら幸いに存じます。

2022 年 2 月

一般社団法人医業承継士協会　理事　岸部 宏一

第2章　クリニックの第三者承継実務

| 第3章 | 第三者承継の類型

第4章 第三者承継事例

第1章

クリニックの
第三者承継概論

第1節

クリニックの開廃業

　ご承知のとおり、わが国の人口は1億2,000万人、と当たり前のように話していた前提はすでに過去のものになりつつあります。

　「日本の統計2021」（総務省統計局）によれば、国内の総人口は2010年の約1億2,800万人をピークに減少に転じており、これから開業するドクターの多くが引退すると予想される2050年には約8,808万人、2055年には約7,856万人と、ピーク時との比較では4割近い急減少が予想されています（図表1参照）。

│ 図表1　人口の推移と将来推計

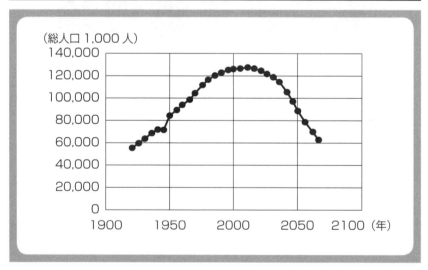

「日本の統計2021」（総務省統計局）より筆者作成（2020年以降は将来推計値）

図表2　人口増減率（対前年／人口 1,000 人につき）令和元年推計

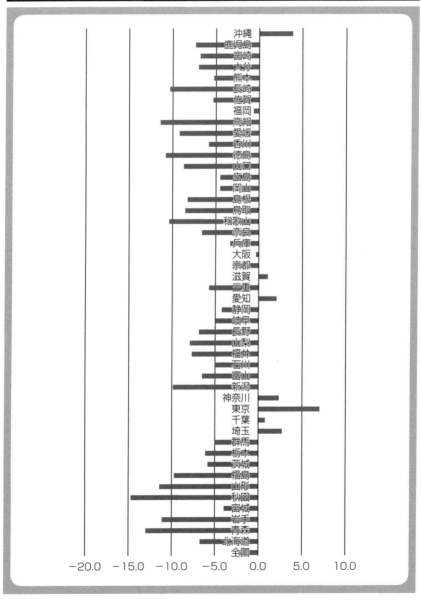

出典：「日本の統計 2021」（総務省統計局）より

とはいえ、2010年～2020年の間の人口の対前年増減率は0.2％（2010年）～△3.6％（2020年）であり、本書執筆時点での人口減少の肌感覚は、首都圏に居る限りではそれほどでもありません。しかし、人口千人あたりの対前年人口増減率を都道府県別にみると、秋田県△14.8％、青森県△13.1％（いずれも2019年）とすでに大幅な減少に直面している都道府県もあり、地方部から始まった急激な人口減少は日本全国に広まりつつあります（図表2参照）。

　また、そのような人口減社会が本格化する一方で、クリニックの数は今後も増加が予想されることから、クリニックでのドクター1人あたりの外来患者数については、人口減以上のスピードで減少していくとの予想もあります（図表3参照）。

図表3　診療所外来利用者数の将来推計（仮称）について

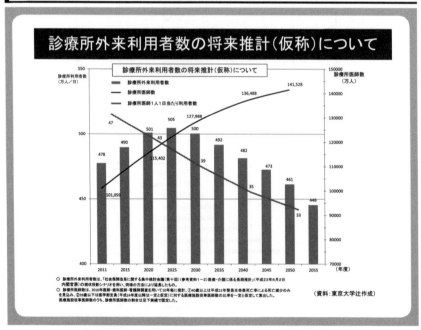

出典：平成24年度愛知県多職種協働による在宅チーム医療を担う人材育成事業／在宅医療の推進（在宅医療連携拠点事業について）研修配布資料より

　このような逆風下にあって、開業を考えるドクターの選択肢として、いわゆる「落下傘開業」のようにゼロからの開拓にチャレンジするよりも、安全策としてもともと存在したクリニックを「承継」する、という選択肢が出てくることはある意味当然といえるでしょう。

　また同時に、クリニックのドクター（多くは開設者兼管理者）の高齢化が進展しており（図表4参照）、高齢になった開設者が引退を迎える例が増加傾向にあります。その際、後継者がいないクリニックはそのまま廃業するか、または第三者への譲渡のいずれかの選択を迫られますが、当然ながら、もし可能であれば売却して引退、という「ハッピーリタイアメント」を望む事例は多くあります。このような状況、つまりクリニックの「売り案件」が出て来やすくなったことも、第三者承継により開業を希望する「買い手側」ドクターにとっての追い風となっていると考えられます。

図表4　年齢階級別にみた診療所に従事する医師数及び平均年齢の年次推移

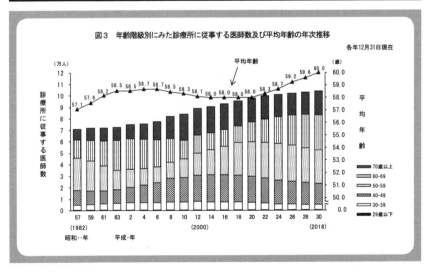

出典：「平成30年医師・歯科医師・薬剤師統計の概況」（厚生労働省）

─ 第2節 ─
選択肢としての
第三者承継

　クリニックの開設者が引退を考えるとき、「出口」としては大きく分けて3通りが考えられますが、それぞれの手順について主な流れは以下のとおりとなります。

┃ 1　廃　業

　単純にクリニックを廃止し、その後の「後片付け」で完結させることになります。

　個人開設のクリニックを廃業する場合の法律上の手続きとしては、一切の診療行為を終了した日を「廃止日」として、診療所廃止届を保健所に、保険医療機関廃止届を地方厚生局に、個人事業の廃業等届出書・給与支払事務所等の廃止の届出を税務署に、麻薬業務所廃止および麻薬所有届（残余麻薬がある場合は麻薬譲渡届）を都道府県に行うなど、各機関への「届出」が必要となります。また、スタッフについてはクリニック廃止に伴う解雇となり、規程がある場合は退職金を支給する、残業代等も含む最終日までの給与を全額支払う等、精算が必要となります。

　また、クリニックを医療法人化している場合は、上記に加えて医療法人の解散手続が必要となります。解散は原則として都道府県知事の認可が効力要件となりますが、この認可には都道府県医療審議会への諮問、答申を経る必要があり、認可後に解散登記、清算人就任登記、官報公告、清算結了登記等の手順を踏む必要があることから、最低でも約半年以上の期間を見ておく必要があります。

　いずれにしても、クリニックの廃止日以降は医療機関ではなくなりますので、一切の医療行為を行うことはできず、残余の医薬品や診療材料等は個々に定められた期間内に処分し、誤認を防ぐうえで看板等も速やかに撤去する必要があります。

　クリニック廃止後の診療録その他の記録類は管理者が保存する義務を負います。クリニック建物を解体する等により従前の場所で保存を継続できない場合は管理者の自宅等で、診療録については最終の診療日から5年間、その他の記録類については2年間（保険診療に関するものは3年間）、保存しなければなりません。ただし、この保存義務は管理者が死亡した場合にその相続人にまで承継されるものではないとされていますので、保存期間中に管理者が死亡した場合には所轄保健所に相談のうえで適宜の方法を定めることになります。

　クリニックを廃止した後に解散手続が完了していない休眠状態の医療法人につき、「法人格のみ」売買可能と提案してくるブローカーが多数いますが、売買後の休眠医療法人で新たな場所でまったく違う役員、社員によるクリニックを開設するための定款変更の認可を受けることは、よほどの理由がないと困難であり、まともな方法で実際にクリニックを開設することはほとんどできません。「成功している」という話を聞くこともありますが、ほとんどの場合は定款変更の認可を受ける際に行政書士の資格を持たない無免許の業者が虚偽の内容で申請書類を作成してそれがたまたま発覚しなかっただけであり、基本的にはブローカーのみが利益を得る構図となっていますので、そのような話に絶対に乗ってはいけません。

　医療施設については、賃貸であれば賃貸借契約に基づき契約を解除したうえで原状回復工事を完了し貸主に引き渡す、自己所有であれば次の用途に向けて工事または売却等に向かうことになります。

　その際、解体等の工事には思いのほか費用がかかります。テナントビル等の場合、床上げやレントゲン設備の有無等により費用は大きく変わってきますが、一坪あたり10万円〜20万円（例：40坪のクリニック

であれば400万円〜800万円程度）は予算をみておくことが必要です。そのほか、医療機器等は中古医療機器業者に売却できるものがあれば売却し、売却できないものは廃棄処分しますが、古いものが多い場合は廃棄費用がかさむことが多くなります。

2 親族への承継

　クリニック開設者たるドクターの引退に際し、親族内に後継を望んでいるドクターがいる場合は、前開設者の引退に伴い前述のクリニック廃止に関する手続きを行うと同時に、後継者となる新開設者が同日または翌日付でのクリニック開設手続を取ることで、開設者・管理者は変わりながらも継続して診療を行うことが可能となります。また、保険医療機関としても新開設者が新たな指定を申請することになり、通常であればクリニック開設後に申請して翌月1日付指定となるところ、親子間承継等により患者情報等を包括的に承継する場合に「開設者の変更」として「遡及」の扱いとすることで開設日に遡って指定を受けたものとして、保険診療を継続する取扱いが認められています。

　多くの場合はクリニック名称や設備をそのまま使用する「代替わり」であることから、外観的には同じクリニックが続いているように見えますが、あくまで別のドクターが開設する新しい医療機関であり、保険医療機関に個別に付番される医療機関コードも旧コードとは無関係に新たに付番されるものであり、その他事業所としての権利義務関係もまったく新たに始まるものである、という前提にご注意ください。

　この形式により承継されたクリニックの資産は、前開設者から新開設者に贈与または売却等により移転することが通常ですが、前開設者が診療所建物等の資産を持ったままで新開設者に賃貸する等で、新開設者は使用収益する権限のみを持った状態でクリニックを開設する等の場合もあり得ます。いずれにしても、親族間であるからといって権利関係がう

やむやなままで開設するのではなく、将来の相続等も見据えたうえで不動産、動産、債権債務等につきそれぞれ権利関係を明確にすることが重要です。

　なお、クリニックが医療法人による開設となっている場合は前提がまったく異なります。この場合は、既存の医療法人の社員、役員等が世代交代し、並行して既存のクリニックの管理者が交代することで、医療機関をそのまま存続させることになります。当然ながら前理事長時代に発生した法人の権利および義務、クリニックの資産やスタッフ等は、そのまま新理事長のもとでの法人に引き継がれることになります。

　ここで、法人の社員や役員の地位、また旧法法人であれば持分をどのように引き継ぐかが問題となりますが、将来にわたって親族間の諍いを防止する意味においては、後継者とその家族には医療法人の経営権や財産権のすべてを、後継者以外の推定相続人にはそれ以外の財産を配分するようにしておくことをお勧めします。ただ、個人開設クリニックの承継に比べると、資産が個人と法人に分かれている分、後継者とその他の相続人に財産を分けるうえで観念しやすいため、近い将来の親子間承継を前提にクリニックを法人開設に移行する、という手法もあります。

　近年では、以前のように「子供は親の跡を継ぐことが当然」という感覚が薄くなり、開業医の子女がドクターになっても勤務医を続けたり他所で開業したりと、そのキャリアが多様化する傾向にあるうえ、そもそも一世代前よりも子供の数が少ないこともあり、親子間承継がすんなり進むことは少なくなる傾向にあるようです。

3　他人（第三者）への承継

　クリニック開設者たるドクターの引退に際し、親族等でない第三者が後継者となる場合があります。その場合は、親族間で相続を前提に半ば当然のように承継する場合とは異なり、クリニックを承継する契約を締

結することにより、上記2と類似の状況をつくることになります。

契約締結に際しては、漠然と「クリニックを承継」とするのではなく、承継する対象を個別に特定し、その中にはカルテその他の患者情報を引き継ぐ「事業譲渡」である旨を明示し、その契約の履行として引継ぎを行うことが求められます。

前開設者がクリニックを廃止する際には、管理者は最終の診療の日から5年間カルテを自宅等で保存する義務を負うのが原則ですが、事業譲渡を前提に廃止する場合は新管理者にカルテを引き継ぐ旨を保健所宛の診療所廃止届の書面中に明示したうえで、地方厚生局に保険医療機関廃止届を提出します。その後、新開設者は前開設者のクリニック廃止と同日または翌日付での診療所開設を保健所に届け出たうえで、保険医療機関としての指定を地方厚生局に申請します。その際には事業譲渡の契約書、前開設者の診療所廃止届、新開設者の診療所開設届の写しを添付し、新開設者のもとで旧開設者が数カ月勤務（または旧開設者の下で新開設者が勤務していた）等により引継ぎ期間を持つことを疎明することで、2と同様に「開設者の変更」として遡及指定を受けることが可能となります。ただし、この取扱いはあくまで例外であり、要件充足については地方厚生局ごとに独自の基準を持つ微妙な判断となりますので、事前に保健所、地方厚生局と詳細な協議をしておく必要があります。

またクリニックが医療法人による開設となっている場合は、新旧ドクターの間での契約により法人の支配権（社員、役員たる地位）、財産権（旧法法人であれば持分）等を譲渡し、社員総会で新経営者側の社員の入社と役員の選任、旧経営者側の社員退社と役員辞任の報告等を行い、理事長変更登記でその旨を公示し、都道府県、保健所、地方厚生局等に届け出ることになります。旧経営者時代に法人に発生した権利義務がそのまま新経営者のもとでの法人に引き継がれることは2の場合と同様であり、契約前のデューデリジェンスが重要になってきます（第2章第2節4デューデリジェンス参照）。

こういった「他人間承継」は、従前から地域の金融機関、医師会等で

のあっせん等が公式または非公式に存在していましたが、近年ではインターネットを通じて広く募るドクター紹介業者その他の仲介業者が多数参入しています。特に、社会全体で不景気が続いた結果、それまで民間営利企業の事業承継を手掛けてきた金融機関や大型士業事務所、専業の仲介業者等が医療機関の事業承継仲介事業に参入する例が目立っています。

　そうした情勢下において、仲介者については依頼に際し、その専門性や信頼性につき客観的に検証することが重要です。特に、近年異業種から参入してきた仲介業者等は、医療経営や法制度につき無知な場合が少なくないことから、買い手側ドクターは承継後に聞いていたとおりの診療ができないまま多額の手数料のみをとられた、というトラブルが多く発生しています。

　ただその反面、ネット上で広く相手を見つけることに優れている面もあることから、最初にお互いに相手を見つける「マッチング」の段階のみそれらの業者に依頼し、相手方候補者が見つかって以降は信頼できる専門職を挟んでの交渉により承継をすすめる、という合理的な使い方も考えられます。

廃業の実態

　ドクター開設者が引退を考える年齢に入りながらも、後継者が見つからず、特に体調が悪い等のきっかけがないこともあり、「やめ時が見つからない」という事例を見かけることが多くなってきました。

　患者もドクターもスタッフも並行して高齢化が進み、いろいろな意味で開業時や全盛期の勢いはないものの、開設者個人の家計も人生の中でもっともお金のかかる子女の教育費等の負担がなくなったことでそれなりにバランスが取れており、特に急いで閉める理由は見当たりません。とは言いながらも体力的には疲れを感じることが多くなり、また元気なうちに引退して趣味や旅行等を楽しむ時間を取りたいという希望があるにもかかわらず、周囲に気兼ねしてなんとなく引退を言い出せない院長は少なからず存在するようです。

　そのようななか、筆者が受けた相談事例から、引退を意識しながらも思うに任せず、それなりの期間を経て実際の引退に至った3つの事例について、それぞれ引退を阻んでいた要因とそれを覆したきっかけを紹介します。

1　金銭面

　廃業してラクになりたいという気持ちがある半面、長年高収入の生活を続けていたため急に生活レベルを下げることもできず、老後の生活資金等を考えると収入が途絶える引退にはなかなか踏み切れない、または廃業を家族に言い出せない、という事例は少なくありません。

　逆に言うと、廃業後も近隣の施設での非常勤勤務や名誉職、公職、もしくは産業医等である程度の収入が継続的に見込めるようであれば、早めに廃業してしまうことが可能、とも考えられます。

　また、開業から年数を経て、全盛期よりは収入が落ちている場合等もあり、実質の手残りを考えると、金銭面でみる限りにおいては早めに廃業しても大差ない、という場合も少なくありません。

　見かけの医業収益のみでなく、実質の収入とそれを得るための労力等を考えあわせ、自身と家族のライフプランとの兼合いも含めて引退時期を検討することが重要です。

【事例】

　全盛期はかなりの収入があったドクターも、ちょうどその前後には子供の教育や住宅取得、交際などで出費も多く、いざ引退を意識するころになっても、意外に貯蓄額は増えていませんでした。また、勢いで買ってしまった別荘の維持等、一度上げた生活レベルを下げることは難しく、長い老後の生活を考えると収入が途絶えることに対しての不安は大きく、誰にも相談できないままクリニックを継続していました。

　しかし、クリニック経営を継続してそれなりの収益があるとしても、決算書を見ると医業収益は最盛期の半分程度であり、それに対する医業費用はスタッフの勤続年数が長く人件費がかさむこともあってそれほど下がっておらず、実質手残りは最盛期の半分以下、若手勤務医程度であることがわかりました。そのうえ、レセプトのオンライン請求が義務化され、管理者が高齢である場合に認められる猶予期間も残り少なくなり、長年使ってきたレセコンもサポートは終了、クリニックを継続するには新たな設備投資を余儀なくされることがわかり、半年後の廃業を決意しました。

　廃業後も従前から担当していた産業医の契約を数社継続し、連携関係にあった近隣の病院で週1コマの専門外来を担当して、預金に手を付けずとも最低限の生活資金は確保できており、制度改定に後押しされたとはいえ、結果的にハッピーリタイアメントを実現した形となりました。

2 患者や地域への責任

　長く医療機関を経営していると、好むと好まざるとにかかわらず、院長の知らないところでその街になくてはならない存在となってきます。

　診療科や設備等によっては代わりになるところがなく、患者が減少したとしてもそれなりに頼られていることから、なかなか閉院を口にできない状況になっている場合も少なくありません。さりとて赤字が出ればすべて自分で負担せざるを得ず、悶々としながら診療を継続している院長の割合は、やはり地方になるほど多い傾向にあるようです。

　しかし、いくら公共性がある事業とはいえ、所詮は民間経営であり院長の持ち出しにも限界があります。いままで当たり前のように存在したものがなくなることについて人間は本能的に抵抗を示すものと言われますが、周囲の人たちが責任を肩代わりしてくれることはなく、ある意味無責任に反対しているにすぎません。また、代わりがないとは言っても、いざ廃業してしまえば意外に「なんとかなる」のも事実です。

　始まりがあれば終わりがあるさ、くらいに割り切って閉院したとしても、院長が思っているほど周囲を敵に回すものではないのかもしれません。なお、実際の閉院の際には、患者の他院への紹介や当面の処方を可能な範囲で長めに出す等の努力をすることで、お互いのストレスをある程度軽減することが可能になるようです。

【事例】

　地方の小さな町でお産を扱う有床クリニックを父親から引き継いだ2代目院長は、承継直後にクリニックを新築、バブル全盛時代だったこともあり地方では珍しいほど豪勢な建物に豪華な食事メニューが評判を呼び、全盛期は毎月60例以上の分娩をこなしていました。非常勤ドクターによる内科外来も含めると院外処方でありながら年間5億円以上の医業収益を上げ、市からの委託を受けた産後ケア等の付帯事業、院内保育所

等に手を広げたところで過疎化、少子化でお産が急減、分娩単価を上げようにもその地域の患者に医療保険から給付される出産育児一時金以上の支払いの余力はないことから値上げもできず、全盛期からわずか5年あまりで単年度赤字に転落しました。その後も分娩の例数は減り続け、理事長の役員報酬を看護師と同額まで下げても赤字は止められず、院長の年齢を表向きの理由に分娩の取扱いを中止し、数年後に閉院したいと周囲に漏らすようになりました。しかし、このクリニックが分娩の扱いをやめると一番近い産科までは片道40キロ以上の距離があるうえ、途中には峠越えがあることから冬季にこの町からそこに行くには困難が伴います。首長や議員からは止めないでくれ、との要請が相次ぎ、市から幾ばくかの赤字補填の補助金を貰ったこともあり、止めることもできないまま赤字経営を続けていました。

それでもバブル時代の豪華な建物の老朽化は進み、冬のある日、だましだまし使ってきた病棟部分の空調設備が故障、交換には1,000万円を超える見積もりが出てきました。建物所有者である院長個人、賃借人の立場にある医療法人、どちらにも費用を賄う余力はなく、数日間はあちこちから電気ストーブを借り集めてしのぎ、その後の入院予約の患者はすべて40キロ先の病院を紹介して2週間後に病棟部分を閉鎖しました。そこで「心が折れた」院長はクリニックの廃止を決断、半年後にはクリニックを完全廃止して40キロ先の病院の産婦人科に部長待遇の非常勤医として勤務することになりました。

その後も自院の患者の一部は車に乗り合わせて通院してくれ、予定していた分娩もこちらの病院で元々のかかりつけ医が主治医としてあたり、無事に出産に至った例もいくつかあり、不便ながらも永くかかりつけだったドクターが病院若手ドクターに指導しながら分娩を担当してくれた、とのことで患者からは「これで良かった」との声が多く寄せられています。

峠越えの通勤が辛いとぼやきながらも肩の荷が下りた元院長は急に若返ったとの評判で、たまに当直勤務までこなして充分な収入を得ながら

非常勤を続けており、本人は、「エアコンが自分の代わりに壊れてくれた」と苦笑いしています。

3 スタッフの雇用問題

　社会全体で不景気が長期化するなか、特に地方では医療機関が数少ない安定した雇用の場となっているケースは少なくありません。なかでも過疎化や高齢化が進み、患者は減少、医療機関の経営もひっ迫し、経営的に見ればとっくにダウンサイジングや廃業していることが当然と思われるような医療機関が、スタッフの再就職先が見つからないことを理由に赤字を出しながら継続している例が見られます。

　確かに、長年勤務してそれなりの年齢になってきたスタッフが、若者でさえ就職先が見つからない過疎の町で再就職先を見つけるのは困難を伴います。

　とはいえ、民間の医療機関は雇用対策事業を担っているわけではなく、雇用を守るために赤字経営を続けることには限界があります。

　人口が多い分だけ医療の需要が多かった時代に合わせて再編、統合等も含めて整備してきた医療供給体制については、今後の人口減に合わせて整備することが、もはや国策とまでなっています。

　また、雇用の問題は、ある意味「お金」で解決できる問題でもあります。赤字経営を続け資金が枯渇して倒産するよりも、長年累積してきた内部留保があるうちに廃業し、いくばくかの退職金等を上乗せ支給することで、スタッフにとっては再就職先を見つけるまでの時間的猶予を作ることができる場合もあります。スタッフに対し責任を感じる院長であればこそ、一人で背負い込まず、スタッフの希望を聞きながら、首長や近隣の医療機関の院長と話し合う場を設ける等、最適な「出口」を探すことをお勧めします。

【事例】

　繊維産業で発展してきたが、大手服飾メーカーが海外資本に買収され、工場を廃止したことで急に寂しくなった地方都市の2代目院長は、大学病院勤務中に先代が急逝したことで急遽呼び戻され、わけもわからないまま実家の医療法人の理事長に就任し、そのまま20年近く不本意ながらも理事長、院長を務めてきました。

　先代から受け継いだクリニックは手術室をもつ19床の有床クリニックであり、今となっては完全なオーバースペックでありながらも、開設当時は先進的、近代的なものだったようです。法人の決算書を見ると膨大な額の内部留保が溜まっていながらも、ここ数年は赤字続きで目減りしていく一方、という状況でした。

　特に病床については、先代の時代のように消化器外科手術をクリニックで行うことは少なくなり、また入院が必要な患者は近隣の病院を紹介することで事足りていることもあって、ここ10年以上は稼働率が50％を超えたことはありません。それでも夜勤を含む看護師に加え、給食を担当する管理栄養士や調理員を配置しなければならず、その人件費で、病棟部分は大幅な赤字になっていました。

　単純に考えれば病床を廃止して無床診療所にすることで、栄養士や調理員、またMS法人に委託している清掃業務等がすべて不要になり、一気に合理化が図れるところですが、もっとも再就職が容易いと思われる看護師さえもかなりの年齢であり、いずれも長年勤務してきた居心地の良いクリニックを離れての再就職は難しそうとあって、彼女たちを解雇してまでの事業縮小には踏み切れずにいたようです。

　さりとて、先代から長年積み重ねてきた内部留保を食いつぶしながらの赤字経営にも限界を感じていたところ、院長が県の地域医療構想調整会議に呼ばれ、病床過剰地域での稼働率の低い病床を維持する意向の有無につき質問されました。その会議の存在すら知らなかった院長は、以前より時々相談にのってもらっている病院経営コンサルタントから、同会議は医療法に基づく公的な会議であって、強制力はないものの主に入

院機能を再編することを目的とした会議であることを聞きました。そこで、その会議を大義名分に病床廃止を周囲に切り出し、従前から面識のあった所轄保健所の所長と内密に相談したうえ、親族で固めた法人の理事会、社員総会で病床廃止につき承認を受けることに成功、その後は無床診療所として継続しています。

　心配したスタッフの再就職についても、看護師は定年退職を迎えた看護部長の後任を補充せず、外来のみだったパート看護師の出勤数を減らすことで看護師の整理解雇等は回避し、職場そのものが存在しなくなった管理栄養士と非常勤調理員のみ割増退職金を支給することで退職に合意してもらい、感謝されて解決に至りました。

― 第4節 ―
廃業後の施設、機器等の処分と保存義務

クリニックを廃止し、その後に承継や居抜き開業等で次のドクターがその施設を使うことがない場合、建物が賃貸であれば契約に基づき原状回復、自己所有であれば次の用途または売却等に向けて改装となるのが原則です。いずれにしても、医療施設として継続使用することがない以上、通常は医療施設としての内装、設備、機器、医薬品、備品・消耗品等はすべて収去して、いわゆる「スケルトン」まで戻すことが要求されます。

本節では、承継相手が見つからないまま廃業するに至った場合の手順につき解説します。

1　医薬品類の処分

医薬品の中で未開封のものがあれば、卸に返品できる場合があります。ただし、使用期限が迫っているもの等は返品を拒否される場合もありますので、閉院の日が決まって以降は最小限の発注に留めておくことをお勧めします。なお、近年では箱から開封してシート単位で発注できる卸もありますので、薬価の高いものや使用頻度の低いものを発注する際には検討してみてもよいでしょう。

開封済み医薬品は、医薬品、医療機器等の品質、有効性及び安全性の確保等に関する法律（薬機法）、および麻薬及び向精神薬取締法（麻向法）上の規制区分に従い処分することになります。外箱または添付文書の枠囲い部分に表示されている規制区分ごとに在庫薬を分別し、以下の要領

で廃棄します。

ア　麻　薬

　診療所廃止に伴い、都道府県知事（都道府県薬務所管課）に対し麻薬施用者業務廃止届とともに、業務廃止日の在庫を閉院日から15日以内に麻薬所有届として届け出ます。また、その在庫については閉院日から50日以内であれば同一都道府県内の麻薬業務所となっている病院、診療所、調剤薬局等に譲渡することができます。なおその際は、譲渡から15日以内に麻薬譲渡届を提出することになります。

　また、譲渡をしない場合は、閉院の日から50日以内に麻薬廃棄届を提出するとともに、当該麻薬は都道府県の麻薬所管課の麻薬取締員等の立会いの下、アンプル剤であれば「希釈して放流」、貼付剤であれば「裁断」等の方法により廃棄することになります。

　なお、麻薬帳簿は最終の記載日（在庫薬がある場合は譲渡または廃棄の日となる）から2年間、クリニック開設者が保存義務を負うことになります。

イ　向精神薬

　麻薬と異なり廃棄に際しての許可や届出は要しませんが、焼却、酸やアルカリによる分解、希釈、他の薬剤との混合等により回収困難な方法により廃棄する必要があります。また、第1種および第2種の向精神薬の廃棄については、その品名（販売名）、数量、廃棄年月日を記録し、廃棄の日から2年間保存する必要があります。

ウ　その他の医薬品

　医薬品以外の廃棄物と同様に、事業系廃棄物として廃棄します。その際は、盗難等を避ける意味で、廃棄物処理業者に直接渡す等の配慮が求められます。

2　医療機器の処分

　医療機器については、リース品と買い取った資産が混在している場合がありますので、リース品の処分についてはリース会社または医療機器ディーラーに依頼することになります。その際、リース契約の内容によっては契約の残期間分のリース料を一括して支払う契約となっていることがありますので、個々に契約書を確認しておくことが必要です。

　買い取った資産については中古医療機器として売却できる場合がありますので、まずは中古医療機器業者に相談することをお勧めします。ただし、医療機器の中には、薬機法上で高度管理医療機器等の規制を受けるものがあり、その場合は販売や賃貸は許可を受けた業者しか扱えないことになります。また、中古品の買取りや売買には古物商の許可が必要になりますので、依頼に際しては許可を受けた業者であるかにつき確認したうえで取引に入る必要があります。

　なお、買取対象にならない医療機器等は、産業廃棄物として処理業者に委託することになります。

　また、レントゲン装置については、クリニック廃止日での診療用エックス線装置廃止の旨を保健所に届け出て、専門の業者が工事のうえで廃棄することになります。

3　備品・消耗品等の処分

　上記2の医療機器の処分と併せて、産業廃棄物として許可を受けた業者に処理を委託します。

4 廃棄物の処分

　院内の廃棄物は、2、3と併せて許可を受けた業者に処理を委託します。なお、感染性廃棄物等の特別管理産業廃棄物に当たる廃棄物は、処理業者からマニフェスト（産業廃棄物管理票）を受領し、5年間保存の義務を負います。なお、産業廃棄物の処理はあくまで事業者（クリニック開設者）の責任であって、自院から出た廃棄物の処理が不適切であったことにより第三者に被害が発生した場合の賠償責任は処理業者でなく、クリニック開設者が負うことになります（廃棄物の処理及び清掃に関する法律第3条）。もちろん、その場合は処理業者に対して求償権を行使できることになりますが、受託した廃棄物を適切に処理しない業者に賠償能力があるとは考えにくく、委託業者を選ぶ時点でその信頼性については慎重に検討する必要があります。

5 解体工事

　クリニック廃止後、最もコストのかかるのがこの部分です。

　賃貸借による場合、テナントの内装を収去してスケルトンにする原状回復工事で床上げやレントゲン室等がある例では、近年では坪単価にして20万円近くの費用（30坪のクリニックで600万円等）を要した例があります。また、長期にわたって賃借していた場合、費用負担者がビル側かテナント側かわからない配管等が出てくることが多くあります。相手によっては、強引に様々な負担を押し付けてくることがありますので、賃貸借契約書やその後の書面等をよく確認し、可能であれば法律職を間に挟んだうえで、収去範囲とそれぞれの費用負担者を明確にしてから始めることをお勧めします。

　また、建物が開設者個人所有または法人所有である場合は、純然たる個人の資産とは明確に費用区分を分け、クリニック部分の解体費用を経費として計上することになります。

6　診療録等記録類の保存義務

　クリニックを廃止し、機器備品等を処分、建物を解体した後であっても、クリニック開設者（管理者）であったドクターは、診療に関する記録等を以下の年限の間は保存する義務を負います。

ア　診療録…5年

（医師法第24条、保険医療機関及び保険医療養担当規則第9条）

　患者ごとに、最後の診療の日から起算して5年間の保存義務となります。紙カルテを最終受診日ごとに分けて保存している場合は5年を過ぎた患者の分から順次廃棄していくことも可能ですが、そうでない場合はクリニック廃止から5年を過ぎたところで一気に廃棄することになります。5年を過ぎて以降も継続保存しておくことも可能ですが、個人情報、かつ特に機密を要する情報でもありますので、その保存は管理者が責任を持てる範囲で行うことが重要です。

　なお、電子カルテの場合は電子カルテに使用しているPC端末を、内容が確認できる範囲で最低限保存しておき、年限が経過したところで機器ごと廃棄することが可能となります。

イ　診療に関する諸記録…2年

（医療法第21条第1項、同施行規則第20条第10号）

　診療録以外の諸記録（看護記録、レントゲン写真、検査記録等）については、病院または療養病床を持つクリニックにあっては2年間の保存義務を負いますが、無床診療所について医療法上の保存義務は明文化さ

れていません。ただし、保険医療機関の義務として、保険診療に関する
諸記録（レントゲン写真、検査記録等）はクリニック廃止後も「療養の
給付の担当に関する帳簿、書類その他の記録」として、レセプト等と併
せてその完結の日から３年間、保険医療機関の開設者であった保険医が
保存する義務を負います(保険医療機関及び保険医療養担当規則第９条)。

第2章

クリニックの
第三者承継実務

相手先選定前における実務

1 承継のタイミング・引退を頭では考えていても行動には移せない院長

　第三者承継の場合、まず売り手側の決定権者（通常はクリニックの院長や医療法人の理事長）がクリニックの譲渡を考え行動に移すことが起点となりますが、開業するときは周りも後押ししてくれるため比較的容易に開業できるのに対し、自身が引退しクリニックを第三者に承継するとなると、とたんに腰が重くなり行動に移せなくなるケースが多くあります。

　親族などに後継者が存在せず、地域に必要とされるクリニックを残すために第三者承継をなんとなく考えていても、公的なデータベースに第三者承継先のデータや方法などあるわけもなく、院長一人で買い手や承継方法をどのように進めてよいかわからないまま、日々の診療で時間ばかり経過しているというケースです。

　アメリカの医師免許は有効期限付きであり、1～2年ごとに更新しなければならないのに対し、我が国は無期限医師免許であり一定期間ごとの研修などは医師免許そのものに義務付けられてはいません（専門医制度は概ね更新制ですが、医師免許そのものは生涯有効です）。

　そのため、団塊の世代を中心に生涯現役という考え方がまだまだあり、引退するという決断ができず限界まで診療を頑張ってしまい、気が付くと赤字決算などで廃業寸前というケースに陥るのです。

　第三者承継の場合、このクリニックを承継したいと思う買い手がいないと成立しません。物件や診療圏によほど魅力があれば別ですが、気力・体力が落ちてきてクリニックの収入が下がり赤字状態になってからいざクリニックを譲渡しようとしても、簡単に買い手は見つかりません。

　古い資料ではありますが、「第14回医療経済実態調査」（厚生労働省）からもわかるように、無床診療所における管理者の年齢別収支および収支差額をみると、「35歳〜39歳」から「60歳〜64歳」までは収入を維持しつつも、65歳以降は段階的に減少しています（次ページ図表参照）。

　また、クリニック物件を所有しており廃業後にしばらく経って譲渡や賃貸した場合は、通院している患者が離れてしまい、医業の承継というより不動産の譲渡や賃貸取引となり、物件の譲渡価格や賃貸価格のみで営業権などの＋αは見込めなくなります。

　親族内承継でもそうですが、承継を考える場合は、少し早いタイミングで検討すべきです。

　ドクターの高齢化による引退を前提に話してきましたが、第三者承継を決断する理由はそればかりではありません。

　ドクターが癌を患い余命いくばくもないため早急に承継したい、開業医に向いていないのでクリニックを誰かに譲り勤務医に戻りたい、医療法人でいくつかの分院を立ち上げたが経営方針の変更により一部のクリニックを譲りたいなど、その理由は多岐にわたります。

　こうした流れから、M&A仲介会社や承継を積極的に支援する医療コンサルタントや医業承継士協会®などの民間団体、ウェブを使用してのマッチングサービスサイトが増えることで徐々にではありますが第三者承継が全国に広まってきました。しかしながら、第三者承継の成約件数が増えることに比例して、医業承継の知識や経験が豊富でない者の承継支援でトラブルが急増していることもまた事実です。

無床診療所 管理者年齢階級別収支

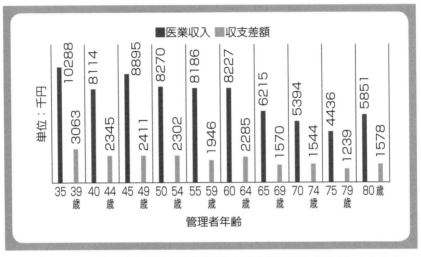

出典：「第14回医療経済実態調査（平成15年6月）」（厚生労働省）より作成

2　第三者承継のメリット・デメリット

売り手側
買い手側

　院長から第三者承継のニーズを引き出すには、まずそのメリット・デメリットをきちんと説明できなければなりません。

　特に、売り手側に対してはデメリットもきちんと伝えることが重要で、場合によっては承継をしないという選択肢の提示も当然あって然るべきです。第三者承継はあくまでも手段であり、クリニックを必要としている地域の患者のためにクリニックを存続させるという目的を達成することが第一だからです。

　将来的にクリニックを存続させるニーズがないにもかかわらず、アドバイザーのフィー（報酬）のためだけにアドバイザーが承継を無理に進めるべきではありません。

36

第三者承継のメリット・デメリット（売り手側・買い手側）

	メリット	デメリット
売り手側	・クリニックを存続させることができ、患者や取引先が安心できる。 ・特に過疎地域では地域医療の存続が可能となる。 ・スタッフの雇用継続が可能な場合がある。 ・売却代金が一時金として手に入り退職金代わりとなる。 ・クリニックの物件を引き続き所有することにより、引退後も家賃収入を得ることができ、その収益力を相続させることも可能となる。	・売却後にトラブルが生じた場合、何らかの責任を負うこともある。 ・買い手側からのデューデリジェンスなどに対応するため負担がかかる。 ・書類準備をはじめ対応を進めたとしても、必ずしも承継が成立するとは限らない。
	メリット	デメリット
買い手側	・新規開業に比べて、開業資金を抑えることが可能な場合もある。 ・地域における認知度が確立されているため、承継後すぐに収入が見込める。 ・診療圏におけるおおよその来院患者数があらかじめわかる。	・内装や医療機器等を刷新した場合は、新規開業と資金的に変わらなくなるか場合によっては新規開業のほうが安くなる場合もある。

買い手側	・スタッフを引き継ぐことにより、人手不足の看護師などの採用コストや医療事務スタッフの教育等の手間が省け、また、顔馴染みの患者に対してもコミュニケーションがとりやすい。	・スタッフを引き継ぐ場合、新院長と古参のスタッフで経営方針等の意見が食い違いトラブルになることもある。
	・医療機器や内装等が承継後も使用可能な場合は割安で取得することができる。	・引き継いだ機器や設備等でトラブルが生じることもあり、場合によっては保守サービスを受けられない場合もある。
	・医療法人を引き継ぐ場合は、設立の手間が省ける。	・医療法人を引き継ぐ場合は、承継前のリスクも引き継ぐことになる。

3 第三者承継の対象
（なぜ売却するのか？　なにを売却するのか？）

売り手側

通常、子や孫など親族に承継する場合、クリニックに不動産があれば最終的には不動産ごと承継します。一方、第三者承継を考える場合、不動産を残したまま賃貸とするパターンもあり、何を承継するか細かく設定しなければなりません。

個人の場合、不動産の物件ごと譲渡する方法、あるいはクリニックの物件所有権は持ったまま賃貸とし内装や医療機器等を譲渡する方法もあります。

医療法人の場合、持分がある医療法人であれば持分を譲渡して社員を入れ替えるか、持分のない医療法人であれば、持分譲渡という概念はないので、譲渡以外の方法で承継をする必要があります。

これらスキームの策定が医療における第三者承継の成否を握ります。

　第三者承継をする場合、いつまでに何を承継するのかデッドラインを決めて募集するのがよいでしょう。

　通常、クリニックの第三者承継であれば、買い手が見つかってから早ければ3～4カ月、長くても1年以内には承継が完了します。

　経験則的な話ではありますが、ズルズルと承継を進めるのではなく、短期集中で承継を進めたほうが成約する確率は高いように思われます。

　承継スキームの詳細の事例は後述します。

4　廃院もタダではない

売り手側

　親族内に後継者がいない、第三者承継もできないとなると、院長の引退と同時に廃院となります。

　積極的であれ消極的であれ廃院という選択をした場合、ただ診療を辞めれば済むというわけではなく、関連して様々な費用が発生します。

　最も多額となるおそれがあるのは、賃貸でクリニック経営をしていた場合、物件の原状回復費用が発生するケースです。原状回復を依頼する業者もテナントオーナーの指定業者以外はNGというケースもあります。費用相場は坪単価10万～20万円ほどが一般的です。50坪程度の場合ですと、入居時の内部造作によっては1,000万円近くになるケースもあります。

　自己所有の物件の場合であっても、廃院後は固定資産税や修繕費などの維持コストが継続的に発生します。

　また、廃院にともなって不要な医療機器や薬品等の処分も必要となり、これらの処分費用も生じます。

　さらに、保健所・地方厚生局・税務署・年金事務所・都道府県などの関係省庁に廃業の届出手続を行わなければなりません。引退間近の院長が一人で行うには大変な労力となりますが、専門家に依頼すれば、その分の経費もかかります。

スタッフもすぐに転職先が見つかればよいですが、難しい場合は退職金を支給するケースも出てきます。

　最後に、医療過疎地などでは特に、廃院は患者に大きな影響を与えることとなり、多大な社会的損失になるといえるでしょう。

　昨今の新型コロナウイルス感染下において、クリニックが社会に果たす役割がますます重要視されています。親族内承継や第三者承継で地域医療のために自院を次の世代に引き継ぐこともまた、クリニック経営者の重要な役割といえます。

　仮に、廃業に伴う経費が1,000万円かかるクリニックを3,000万円で譲渡できたとすると、クリニックを廃業した場合、4,000万円の機会損失になると考えることもできます。

■ 廃院による機会損失額

5　第三者承継のプレイヤー達

売り手側
買い手側

　第三者承継のプレイヤーとしては、院長や理事長などの決裁権者のほかに、M&A仲介会社や医療コンサルタントなどの仲介人や医業承継アドバイザー、ドクターの配偶者などの第三者が考えられます。結論から言うと、第三者承継を進めるにあたっては、余人を交えず決裁権者同士で話合いができ、その後お互いに意思決定ができれば、成約する可能性は非常に高くなります。

　逆に、決裁権者同士の話合いや意思決定の際に、何人もの仲介人や第三者が介入する場合は、話が進まず承継も失敗に終わる可能性が高くなります。ドクター同士気が合い、譲渡金額も折り合いがつき、順調に話が進んでいたとしても、ドクターの配偶者が介入し、譲渡価格に異議を唱えて、結局、承継話が流れるケースもよくあります。

　医業承継を成功させるには、承継アドバイザーや第三者が介入するのはよいとしても、最終的には決裁権者である院長や理事長同士が会談し、よく話し合って決断するのが近道です。

　また、仲介人が医業承継アドバイザーを兼ねて、買い手側・売り手側双方と契約する場合もあります。しかし、本来、医業承継アドバイザーは契約者の側に立ってアドバイスする立場にあることから、買い手側と売り手側とで異なる医業承継アドバイザーと契約するべきです。

　逆に、マッチングサイトなどは、双方のマッチングのみを行い、医業承継アドバイザーは別途選任するケースが多いようです。

	売り手側	買い手側
決裁権者	個人医院の院長、医療法人の理事長など	医療法人の理事長や理事長から任されている理事など、承継開業希望のドクター
仲介人	M&A仲介会社、マッチングサイト、医薬品卸、医療機器メーカー、医療コンサルタント、金融機関、調剤薬局など	
医業承継アドバイザー（FA）	上記仲介人、医療コンサルタント、顧問税理士、顧問弁護士、医業承継士® など	上記仲介人、医療コンサルタント、顧問税理士、顧問弁護士、医業承継士® など
第三者	配偶者、決済権のない事務長、調剤薬局など	配偶者など

6　買い手先を探す

売り手側

ア　医業承継アドバイザーに相談・依頼

　第三者承継は、売り手側が第三者承継を意思決定し、買い手先を探すことから始まります。

　買い手先を探すにあたっては、医業承継アドバイザーなどの第三者と相談しながら進めていくこととなります。自院に勤務しているドクターに承継し譲渡価格もある程度双方で合意しており、あとは手続きだけということであれば、顧問税理士や行政書士等がフォローしながらご自身で第三者承継を進めることも可能ですが、そうでない場合は、ドクター

自らが買い手先を探し出し、スキームを決め、妥当な金額を交渉し契約するというのは、現実的にはまず不可能だからです。

　医業承継アドバイザーは、承継の相談を受けた顧問税理士や顧問弁護士がなる場合もあれば、医療コンサルタントやM&A専門の企業、金融機関や卸売業者などがなる場合もあります。また、最近では、大手コンサルティング会社がネット上にてマッチングだけでなく、医業承継アドバイザーの選定までをサービスとして提供することもありますので、それを利用する方法もあります（46ページ参照）。

　身近な顧問税理士や弁護士は相談しやすく信頼感はあるものの医業承継に詳しくない場合もありますし、それぞれのクライアントなどの限られたマーケットで買い手先を探しマッチングするのには限界があります。医療コンサルタントやM&A仲介会社は、医療の知識や買い手先の案件情報を多く持っていますが、成約しないと手数料がもらえないため、第三者承継ありきで話が進んでしまい、自院にとってベストな選択ができないという懸念もあります。

　M&A仲介会社の場合は、売り手と買い手双方と医業承継アドバイザー契約を結び、双方から手数料をもらうケースがあります。しかしながら、先述のとおり、医業承継アドバイザーは契約先の利益を最優先で考えるものであり、第三者承継においては売り手側と買い手側双方と契約すると利害が対立するため本来の役割が果たせません。よって、医業承継アドバイザーは売り手・買い手それぞれ別に立てることが必要です。

　公益社団法人日本医師会が日本全国で深刻化する医療機関における後継者不足の問題を解決するため、第三者医業承継の包括連携協定を、大手民間会社と締結しました。大手民間会社は多くの承継開業希望ドクターのリストを持っているため、譲渡したいクリニックとのマッチングにより、第三者承継の成約件数も増えてきています。

買い手先の見つけ方パターン例

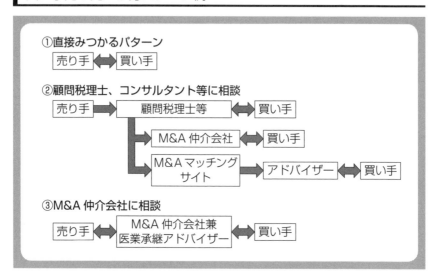

①直接みつかるパターン

売り手 ⟷ 買い手

②顧問税理士、コンサルタント等に相談

売り手 → 顧問税理士等 ⟷ 買い手

M&A仲介会社 ⟷ 買い手

M&Aマッチング サイト → アドバイザー ⟷ 買い手

③M&A仲介会社に相談

売り手 ⟷ M&A仲介会社兼 医業承継アドバイザー ⟷ 買い手

イ　医業承継アドバイザーの報酬

　医業承継アドバイザーに依頼した場合、報酬が発生するのが通常です。

a．仲介手数料（成功報酬型）

■レーマン方式（例）

取引金額等	掛　率
5億円までの部分	5%
5億円を超え10億までの部分	4%
10億円を超え50億までの部分	3%
50億円を超え100億までの部分	2%
100億円を超える部分	1%

　例えば、取引金額が8億円の場合の医療承継アドバイザーへの報酬額は、

> ①　5 億円×5％＝2,500 万円
> ②　3 億円（8 億－5 億）×4％＝1,200 万円
> ①＋②＝3,700 万円となります。

　M&A 仲介会社が多く用いる方式で、これに最低報酬が数百万円～数千万円程度設けられているほか、着手金や中間金などが必要な場合もあります。取引金額の算定基準にはいくつかのパターンがあります。

b．月額報酬型（アドバイザリー報酬）

　月額〇万円など毎月定額で発生する報酬で、承継までの期間が長くなるとコストが嵩むデメリットがあります。

c．定額報酬型（M&A マッチング）

　M&A のマッチングサイトが採用する報酬で、例えば、取引価格が低い場合、売り手は無料で、買い手はマッチング成功報酬〇万円など規模によらず、定額の報酬とするものです。

　ただし、マッチングサイトなどの場合、別途医業承継アドバイザーとの契約が必要となるため、医業承継アドバイザーへのアドバイザリー報酬によっては割高になる可能性もあります。

d．無　料

　地域の医師会や医業承継バンク等、地域医療にクリニックを残すために医師会や自治体などが支援しており、職業安定法第 33 条の規定に基づく、無料職業紹介事業として行っているところもあります。

　テナントに入居している無床クリニックの第三者承継においては、譲渡価格が 2 千万円～3 千万円という事例も多くあります。その価格帯での第三者承継で、数千万円も手数料を支払うのは採算が合いません。

　また、評価やデューデリジェンスにも場合によっては数百万円単位の専門家報酬がかかります。大手医療法人の大規模な M&A では、それら多額のコストをかけても採算が合うのでしょうが、クリニックの第三者承継では現実的な金額とはいえません。かといって、何もせずに承継

案件が進み、契約書もいいかげんな状態で、後にトラブルになるといった事態は避けなければなりません。

　今後、多くのクリニックの第三者承継においてはコストをかける部分を限定的に集中させ、第三者承継が効率よく安全に行われるよう環境整備が望まれます。

第三者承継マッチングサイト（例）

出典：デロイト トーマツ ファイナンシャルアドバイザリー合同会社「M&A プラス」
　　　https://ma-plus.com

7　NDA（秘密保持契約）とアドバイザリー契約・FA契約の締結

売り手側
買い手側

ア　NDA（秘密保持契約）の締結

a.総　論

　クリニックの事業承継に限らず、事業会社のM&A等においては、その交渉過程で機密情報等を含んだやりとりが必要になります。そのため、交渉開始の段階で、秘密保持契約（Non Disclosure Agreement：略して「NDA」と呼ばれます）が締結されます。

　交渉相手（買い手候補）とNDAを締結することはもとより、仲介会社や仲介機関とも必要に応じて締結することが重要です。

b.NDA締結上の留意点

　NDAでは秘密情報の範囲、情報管理の方法や情報漏洩の場合の損害賠償などを定めておきます。

　ただし、NDAは万能ではありません。仮に情報漏洩があった場合でも、損害の立証が困難であり、賠償請求が難しいという問題があります。

　売り手側としては、厳重な情報管理を行いたいところですが、NDAの締結交渉という承継の最初期で時間をかけることは得策ではありません。最近では、NDAの統一規格化を目指す動きもあり、簡易迅速にNDAの締結が可能になりつつあります。

　適切なリスク管理という観点からは、秘密情報の定義や範囲、秘密保持義務の具体的な内容、情報漏洩の防止措置、行為の差止めに関する条項が整備してあるかを確認することが重要です（50ページ参照）。

イ　アドバイザリー契約やFA契約の締結

a.アドバイザリー契約

　最近では、医療機関の事業承継を仲介する会社も増えてきています。

仲介会社とは事業承継に関するアドバイザリー契約を締結して、買い手とのマッチングや医業承継におけるアドバイスを受けることになります。

仲介会社の関与については、気を付けるべき点がいくつかあります。

買い手を探すという点では、仲介会社の情報網を利用することに意味があります。しかし、事業承継におけるアドバイスが不正確、特に医療機関の事業承継においては、行政による規制も多く、誤ったアドバイスがされている結果、医療機関側が不利益を被っているケースも散見されます（仲介会社には監督官庁がなく、玉石混交といわざるを得ないのが実情です）。

また、弁護士等の士業においては、双方代理（売り手側と買い手側といった利益の相反する当事者を同時に代理すること）は禁止されていますが、仲介会社は、売り手側と買い手側双方の代理を行うケースも少なくありません。事業承継は、単純な「もの」の売買ではないため、様々な利益を調整する必要があります。このような事業承継において、高く売りたい売り手側と安く買いたい買い手側の双方を代理することは、そもそも無理があると考えています。

上記の点を考慮して、仲介会社との契約の有無、仮に契約するとしても、どの範囲までを依頼するのかについて、慎重に検討する必要があります。

b．FA契約

事業承継では必要に応じてFA（ファイナンシャル・アドバイザー）をつけることがあります。FAは主に、財務状況、事業承継後の収益状況などについてアドバイスを行います。大規模な事業承継では、金融機関などがFAとして活動しているケースも多いです。FA契約は、売り手側または買い手側の一方に対するアドバイスを行うため、上述のような双方代理にはなりにくいです。

中小規模の事業承継においては、FAをつけず、税理士やその他の士業がその役割を担っているケースが大半でしょう。

ウ　まとめ

　アドバイザリー、FA の種別はともかく、医療機関の事業承継は通常の事業会社の事業承継に比べて特殊な点も多いため、許認可を含めた医療機関の状況を十分理解した方のアドバイスを求める必要があります。

秘密保持契約書

　○○（以下、「売主」という）と○○（以下、「買主」という）は、当事者間の事業承継の可能性を検討することを目的（以下、「本目的」という）として、相互に開示または提供する秘密情報の保持につき、次のとおり秘密保持契約（以下、「本契約」という）を締結する（以下、秘密情報を開示または提供した当事者を「開示者」、秘密情報の開示または提供を受けた当事者を「受領者」という）。

第1条（秘密情報の定義）

1　本契約において秘密情報とは、媒体および手段（書面、専用回線による通信、光磁気ディスク等を含むがこの限りではない）のいかんを問わず、本目的のために、開示者が受領者に開示、提供する技術、営業、人事、財務、組織その他の事項に関する一切の情報をいう。

2　前項の規定にかかわらず、次の各号に定める情報は秘密情報には含まれない。

(1)　開示された時点において、受領者がすでに了知していた情報

(2)　開示された時点において、すでに公知であった情報

(3)　開示された後に受領者の責めに帰すべき事由によらずに公知となった情報

(4)　正当な権限を有する第三者から秘密保持義務を負うことなく取得した情報

　　(5)　秘密情報とは無関係に受領者が独自に開発した情報

第2条（秘密保持）

1　受領者は、開示者より開示または提供された秘密情報について厳に秘密を保持するものとし、開示者の事前の書面による承諾がない限り、本契約の存在も含め秘密情報を第三者に開示または漏洩してはならない。

2　受領者は、本目的のために必要な範囲内において、自己の役員および従業員ならびに自己が依頼する弁護士、公認会計士、税理士、その他の法令上守秘義務を負う専門家（総称して以下、「役職員等」という）に対して、秘密情報を開示できる。

3　受領者は、役職員等に秘密情報を開示する場合は、当該役職員等に対し本契約における受領者の義務と同等の義務を課すものとし、かつ、当該役職員等においてその義務の違反があった場合には、受領者による義務の違反として、開示者に対して直接責任を負うものとする。

4　受領者は、法令、裁判所、行政庁または規制権限を有する公的機関の規則、裁判、命令、指示等により秘密情報の開示を要求される場合、必要な範囲で秘密情報を公開または開示することができる。ただし、受領者は、当該公開または開示を行う場合には、可能な場合は事前に、不可能または著しく困難な場合は事後遅滞なく、その旨を開示者に対して通知する。

第3条（秘密情報の複製）

受領者は秘密情報の開示目的のために必要な範囲においてのみ秘密情報を複製（文書、電磁的記録媒体、電子的記録媒体、その他一切の媒体への記録を含む）することができる。なお、本条に基づき複製が行われた情報についても秘密情報として

取り扱われるものとする。

第4条（目的外使用の禁止）
受領者は開示者から開示または提供された秘密情報を、本目的以外のために使用してはならない。

第5条（秘密情報の返還または破棄）
1　受領者は、本契約における受領者の義務に違反したとき、本契約が終了したときまたは本契約の目的を達成しもしくは達成できないことが確定したときは、自己または自己が情報を開示した第三者が保持する秘密情報を速やかに返還または破棄する。
2　受領者は、開示者が要請した場合には、速やかに前項に基づく義務が履行されたことを証明する書面を開示者に対して提出する。

第6条（損害賠償）
売主または買主は、本契約条項の違反により相手方に損害を与えたときは、当該損害を賠償するものとする。

第7条（反社会的勢力の排除）
1　売主および買主は、それぞれ相手方に対し、次の各号の事項を表明し、保証する。
　(1)　自らまたは自らの役員もしくは実質的に経営権を有する者が、現在、暴力団、暴力団員、暴力団員でなくなった時から5年を経過しない者、暴力団準構成員、暴力団関係企業・団体、総会屋等、社会運動等標榜ゴロまたは特殊知能暴力集団その他これらに準ずる者（以下、総称し

て「反社会的勢力」という）に該当しないこと

(2) 反社会的勢力が経営を支配していると認められる関係を有しないこと

(3) 反社会的勢力が経営に実質的に関与していると認められる関係を有しないこと

(4) 反社会的勢力を利用していると認められる関係を有しないこと

(5) 反社会的勢力に対して資金等を提供し、または便宜を供与するなどの関与をしていると認められる関係を有しないこと

(6) 反社会的勢力と社会的に非難されるべき関係を有しないこと

2　売主および買主は、自らまたは第三者を利用して次の各号の行為を行わないことを確約する。

(1) 暴力的な要求行為

(2) 法的な責任を超えた不当な要求行為

(3) 取引に関して、脅迫的な言動をし、または暴力を用いる行為

(4) 風説を流布し、偽計または威力を用いて相手方の信用を毀損し、または相手方の業務を妨害する行為

(5) その他前各号に準ずる行為

3　売主および買主は、相手方が前二項のいずれかに違反したことが判明した場合、自己の責めに帰すべき事由の有無を問わず、相手方に対して何らの催告を要せずして、直ちに本契約を解除することができる。

4　前項の規定により本契約が解除された場合には、解除された者は、その相手方に対し解除により相手方が被った損害を賠償するものとする。

5　第3項の規定により本契約が解除された場合、解除された者は、解除により損害が生じた場合でも、相手方に対し一切の損害賠償請求を行わない。

第8条（本契約上の地位等の譲渡禁止）

売主および買主は、相手方の書面による事前の承認を得ることなく、本契約上の地位または本契約に基づく権利もしくは義務の全部または一部を、第三者に譲渡もしくは承継させ、または担保に供してはならない。

第9条（規定外事項）

売主および買主は、本契約に規定されていない事項が発生したり、本契約の解釈に疑義が生じたりした場合には、法令、慣習等に従い、誠意をもって協議し解決にあたる。

第10条（有効期間）

本契約の有効期間は、本契約締結日から○年間とする。

第11条（存続規定）

本契約の終了後であっても、本条、第2条（秘密保持）、第3条（秘密情報の複製）、第4条（目的外使用の禁止）、第5条（秘密情報の返還または破棄）、第6条（損害賠償）、第9条（規定外事項）および第12条（準拠法・合意管轄）の規定は、引き続きその効力を有する。

第12条（準拠法・合意管轄）

1　本契約は日本法に準拠するものとする。
2　本契約に起因または関連して生じた売主買主間の一切の紛争

　　については、○○地方裁判所を第一審の専属的合意管轄裁判
　　所とする。

　　本契約の成立を証するため、本書2通を作成し、売主買主双方
が1部ずつを保有する。ただし、本契約を電子契約にて締結した
場合には、本契約の成立を証するため、電子契約書ファイルを作
成し、それぞれ電子署名を行う。この場合、電子データである電
子契約書ファイルを原本とし、同ファイルを印刷した文書はその
写しとする。

○○年○○月○○日

売主

買主

8 スキームの策定
（承継・譲渡対象物の特定とその方法）

売り手側

　クリニックの第三者への承継は、組織や形態、前提などでいくつかの
パターンに分かれます。個人開設か医療法人か、また譲渡する物はなに
かで承継スキームに必要なファクターが違うことから、まず自院がどの
パターンに該当するのかを認識し、また選択していく必要があります。

事業承継のパターン

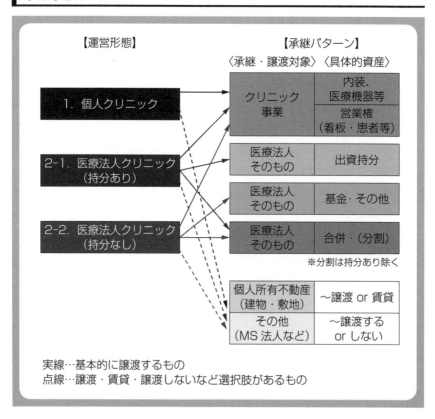

【運営形態】　　　　　　　　　　【承継パターン】

〈承継・譲渡対象〉〈具体的資産〉

運営形態	承継・譲渡対象	具体的資産
1. 個人クリニック	クリニック事業	内装、医療機器等
		営業権（看板・患者等）
2-1. 医療法人クリニック（持分あり）	医療法人そのもの	出資持分
	医療法人そのもの	基金・その他
2-2. 医療法人クリニック（持分なし）	医療法人そのもの	合併・（分割）

※分割は持分あり除く

個人所有不動産（建物・敷地）	～譲渡 or 賃貸
その他（MS法人など）	～譲渡する or しない

実線…基本的に譲渡するもの
点線…譲渡・賃貸・譲渡しないなど選択肢があるもの

ア　（売り手側）個人クリニック

　個人開設のクリニックの場合、「クリニックの承継」≒「事業の承継」となります。

　譲渡する事業の中身としては　①内装・設備のほか、②看板（名称）、③患者（カルテ）などがその対象ですが、②③の無形の財産価値は一般に「営業権」として評価し、全体の売却価額を考えます。なお、これらの財産はすべて院長個人のものであることから、売却対価と税金はすべて院長個人に帰属します。

イ　（売り手側）医療法人クリニック

　医療法人で開設しているクリニックを譲る場合は、まずⓐクリニック事業のみの譲渡とするか、ⓑ医療法人ごと譲渡するかの選択肢があります。

a．クリニック事業のみの譲渡の場合

　いわゆる「事業譲渡」となり、手順や効果はアの個人クリニックの事業の譲渡の場合と概ね同様です。複数施設を運営している医療法人や別の場所へ移転開設を予定しているケースなどは、運営主体たる医療法人はそのまま残し、クリニック施設のみ承継譲渡することが考えられますが、クリニックを譲渡・廃止したのちに目的たる開設施設がない医療法人となるような場合、行政の許認可において大きな制約を受ける可能性があることから、この点は段取りに十分留意して検討する必要があります。

　また、施設のみ譲渡の場合、その対価と損益は医療法人で計上することとなりますが、その後、院長個人は給与・退職金を受給することで実質的にその対価を回収することが可能です。

b．医療法人ごと譲渡する場合

　医療法人は「社員の入退社・役員の交代」をすることで運営するクリニックを含む法人全体の諸々の資産・負債、権利・義務などを包括的に

承継することとなります。これは、社員たる地位を持つ人が医療法人の基本的な意思決定権を持つこと、また理事長を含む役員は社員総会により期間限定的に選任されて権利を持ち、実際の法人や施設の運営を行うことになるからです。

　具体的には承継時にクリニックの保有する医療機器や不動産、医業未収金等の資産や仕入債務、銀行借入金、さらにはテナント契約やリース契約、またスタッフの雇用契約など、すべてをそのまま承継し、運営を継続します。ただし、土地や車など譲り渡したくない財産が医療法人にある場合は、承継前に個人が医療法人から直接買い取ることで承継対象から外すことは可能です。

　ここで医療法人は「出資持分あり」と「出資持分なし」に分類されますが、この両者では具体的な譲渡資産が変わってきます。すなわち、持分のある医療法人の場合は出資持分を持つ個人がこれを承継者に売却することで承継が基本的に完了し、医療法人の譲渡対価の回収が可能となるのに対し、今後主流となりつつある持分なし医療法人では、文字どおり法人譲渡の核となる「持分」そのものが存在しないため、実質的な譲渡対価の収受について、役員退職金を中心にスキーム上の工夫が必要となります。

　なお、医療法人の支配権を得るには「出資持分あり・なし」とも社員の過半数を入れ替えることが必須となりますが、持分あり法人の場合、将来の払戻請求権の問題を回避するためにも持分の全部買取がやはり必須といえます。

ウ　合併・分割

　医療法人は、都道府県知事等の認可を得ることで他の医療法人と合併、または分割することができますが、この手法を用いて医療法人クリニックを承継することが考えられます。

　合併・分割は当然、承継する側も医療法人である必要があり、また行政の認可をはじめ多くの煩雑な手続きが必要で時間がかかる方法である

ことがデメリットである反面、運営上・税務上の課題を解決するために有用な方法ともなり得ます。

　ただし、多くのケースでは上記イａまたはｂの方法が簡便でかつ承継の目的を果たせることから、合併等組織再編の手法は実務上選択されることが少ないというのが実情です。

エ　（売り手側）共通

　個人クリニック、医療法人クリニックいずれの場合も、クリニック事業や医療法人そのものの承継譲渡と切り離して「個人所有の不動産」についてどのようにするかの選択肢があります。戸建て開業などクリニックの不動産を院長や理事長個人が所有している場合、この不動産を売却するか、承継者へ賃貸するかの選択となりますが、売却を希望する場合は承継する側に購入の意思があるか、いくらで売却するかに加えて税金問題を戦略的に考慮して交渉する必要があります。特に個人クリニックの営業権譲渡の場合は、総合課税となることから、不動産売買を絡めた総額で考えることができれば実務的にメリットある選択が可能となります。

　また、賃貸の場合は不動産オーナーとして継続して賃料収入を得られる反面、施設のメンテナンスの問題や承継クリニックの運営にその後間接的に関わっていくことになることから、それらを総合的に考慮して意思決定する必要があります。

　さらに、いわゆるMS法人を持っている場合、これをクリニックと合わせて譲渡するのか、または事業内容を変更して存続させるのかの点についての選択肢が生じます。MS法人は一般的には院長個人のプライベートカンパニーとしての役割を持ち、第三者承継時には医療機関と切り離して存続することが多いと思われますが、施設運営のキーとなる財産や権利を保有しているケースもあり、MS法人の株式評価を含めて事業譲渡の総額とする等実務的な運営面や税務的な効果を見据えてうまく活用を考えることも必要でしょう。

9 クリニック名非公開の紹介資料の提示 売り手側

　クリニックの譲渡につき基本方針が決まったところで、相手探しにかかることになります。

　その段階では、自院に関する情報をどこまで開示するかが問題となりますが、名称や所在地等を含む情報をすべて開示してしまうと、情報が周囲に流れて患者やスタッフ、納入業者や地域に無用な不安をもたらすことにもなりかねません。そのため、この段階では仲介業者等にノンネームシート等の形で預ける情報については、情報が「独り歩き」しても問題になることがない程度に抑えることが通例です。

　とはいえ、あまりに情報を絞ってばかりでは買い手側の候補に乗らず、まとまりにくくなってしまいます。開示内容や範囲については、譲渡を急ぐ場合や所在地が不便なところである等、相手が見つかりにくいことが予想される場合は、公開する情報を最初から多く、公開範囲の絞りも緩めにする、逆に譲渡を急ぐ必要がなく、または相手先も比較的容易に見つかることが予想される場合は情報や公開範囲を絞りながら進める、というバランスが要求されます。ただし、このバランスについては客観的な判断が要求されますので、売り手側のみでなく外部専門職や情報を預けることを予定している仲介業者等の意見も聞き、柔軟に考えることが重要です。

　情報は様々なルートを通じて流れますが、先方が比較しやすいように基本的にはA4の紙1枚とし、次ページのような形式でまとめて仲介業者等に預け、ネットワークを通じての相手探しにかかることになります。

クリニック名非公開の紹介資料（例）

【診療所承継情報】

対　　象：内科診療所（無床／旧法医療法人）

所　　在：○○県○○市
　　　　　駅前再開発ビル内（××年新築／ビル内オフィス昼間
　　　　　人口約○○人）
　　　　　賃料月額○○円（内装工事はビル新築時）
　　　　　１階道路面、約○坪、環境良好

譲渡対象：旧法医療法人持分全部、診療所経営権全部
　　　　　区分建物は現理事長個人より賃借（坪○.○万／応相談）

譲渡理由：院長体調不良、後継者不存在、新型コロナウイルスに
　　　　　よる患者減

譲渡時期：20○○年○月○日頃（応相談）

現　　況：院長体調不良、新型コロナウイルスのため外来患者減
　　　　　（20名／日、新型コロナウイルスの蔓延前は40人／日）
　　　　　院内処方（変更可／ビル内・近隣に調剤薬局あり）

設　　備：紙カルテ＋レセコン
　　　　　単純ＸＰ＋ＣＲ（約２年使用）
　　　　　エコー（約10年使用）

譲渡希望価格：○○○万円（社員たる地位および持分の全部譲渡
　　　　　　／　　応相談）

諸　費　用：仲介手数料　　○○万円（税別／買主負担分）
　　　　　　手続代理費用　○○万円前後（税別）／買主（承継後
　　　　　　の法人）負担
　　　　　　役員・社員変更手続、理事長変更登記、登記事項届出
　　　　　　まで
　　　　　　（診療所名称変更の有無等により上下）

譲渡条件：現法人（診療所）継続、法人役員・社員、診療所管理
　　　　　　者の交代
　　　　　　職員継続雇用なし（個別相談可）
　　　　　　理事長退職金支払い、退社持分払戻後の法人資産はす
　　　　　　べて譲渡対象
　　　　　　産業医の契約引継可能（ビル内を含む４社／相手方企
　　　　　　業も含め応相談）

窓　口　：○○まで

10　クリニックの評価額の算定と譲渡価格 　売り手側

　クリニックを第三者承継した場合、いくらで売れるかといった問合せ
が非常に多くありますが、結論から言うと、譲渡価格は需要と供給すな
わち売り手と買い手の話合いで決まるものであり、評価額どおりにはな
りません。

　例えば、高度な理論を用いて3,000万円の評価がついたとしても、売
り手が5,000万円でなければ売らないとの条件を出し、買い手が5,000
万円支払ってでも欲しいとなれば、5,000万円が譲渡価格となります。

　このように、価値を理論的に評価計算しても、実際の譲渡価格は話合
いで決定されるため、評価額と譲渡価格は異なるのです。

　ただし、買い手募集や交渉をスタートする際の一定の目安としてクリ
ニックの評価価格を理論的に算定しておくことは必要です。

　一般事業会社のM＆Aの評価を計算する際の代表的な方法として次の
３つがあります。

ア　インカムアプローチ

　収益を基準として計算する方法の代表的なものとして、DCF（Discounted
Cash Flow）法があります。将来生み出す収益（キャッシュ）を一定の
率で割り引いて現在の価値に換算して評価する方法です。

　この方法は将来の予測に基づくため、事業（収益）の継続を前提とし
ます。将来の計画の前提条件によって計算結果が大幅に変わってくるこ
とから、主観的な要素が排除できない方法といえます。

　また、一人医師クリニックの第三者承継では、前ドクターが引退して、
新しいドクターが引継ぎ診療するので、収益性そのものは承継されませ
ん。よって、この方法による評価は馴染みません。さらに言えば、計算

方法も理論的で複雑になるため、DCF法で評価した場合の専門家手数料も高額になる傾向があります。

　ただし、何件ものクリニックを事業展開している大規模医療法人の譲渡や収益力が組織に帰属している健診センターなどの第三者承継の際の算定に用いることは有用です。

イ　マーケットアプローチ

　比較対象となる企業や業界の株価や取引を基準として価値を算出する方法です。

　医療法人は上場できないため、類似の企業や業種の公開データがありません。そのため、類似企業比較法や類似業種比較法といったアプローチで価値を算定することは困難であり、採用することはないでしょう。

　類似取引比較法では、実際の取引価格が公的なデータで公開されることがないため、独自のデータベースに基づき算定することとなります。

ウ　コストアプローチ

　評価対象の法人が所有している保有資産をベースに算出する方法で、代表的な方法として簿価純資産法と時価純資産法があります。簿価純資産は極めて簡単ですが実態を表すことはほとんどなく、実際には時価純資産法を用います。

　時価純資産法は、一定時点（通常は直近の決算日）における資産の時価合計額から負債合計を控除した額を評価額とする方法で、クリニックの第三者承継の評価で最も多く使う手法です。

　以下、時価純資産法の具体的な計算方法を解説します。

時価純資産法

（千円）

	時価等	簿価	資産	負債	簿価	時価等	
①	3,000	3,000	現金・預金	買　掛　金	6,000	6,000	⑦
②	12,000	12,000	医業未収金	未　払　金	7,000	7,000	⑧
③	12,000	15,000	建　　物	未払退職金	0	15,000	⑨
④	5,000	8,000	医療器械	純資産	簿価	時価等	
⑤	40,000	10,000	土　　地	純　資　産	38,000	44,000	
⑥	0	3,000	繰延資産				
	72,000	51,000	合　　計	合　　計	51,000	72,000	

　まず、決算日などの一定時点の貸借対照表の資産・負債に修正を加えます。

---

① 　現金・預金などは、通帳を見て残高が合っているか確認する。
② 　医業未収金は、診療報酬の決定通知書やその後の入金状況などと突合する。
③ 　建物は、固定資産税の納付書や登記簿謄本などで確認する。過去の減価償却も適正に行われているか確認し、修正を加える。
④ 　医療器械は現物と固定資産台帳を見比べ、数が合っているか確認する。また、動作確認なども行う。
⑤ 　土地に関しては、鑑定後の時価等で評価替えを行う。
⑥ 　繰延資産などは内容を確認し、財産性のないものは評価減を計上する。
⑦⑧　買掛金・未払金等は請求書・契約書などで残高を確認する。
⑨ 　将来支払うべき退職金などオフバランス項目を見積もり、負債として計上する。

---

　①～⑨の調整の結果、純資産額の簿価 3,800 万円が時価 4,400 万円の評価となりました。

　特に、⑨の簿外債務に関しては、会計上は処理されていなくても評価

する際に非常に重要になるため、退職金規程・賞与規程、矯正歯科のアフターメンテナンス、美容医療の役務残など、関係書類や取引実績を確認し見積もることが非常に大切です。

a．営業権（のれん）について

　時価純資産法により評価しましたが、この評価は一定時点におけるクリニックの資産価値を表すだけであり、仮に第三者承継をせずに廃業したとしても廃業時の納税は別として近い金額が売り手の手許に現金として残ることになります。

　それでは売り手が第三者承継をする経済的メリットはありませんし、長年そこでクリニックを営業してきた価値というものが評価に反映されていません。

　この価値のことを営業権（のれん）といい、判例では以下のように定義付けられています。

一、営業権とは、当該企業の長年にわたる伝統と社会的信用、立地条件、特殊の製造技術及び特殊の取引関係の存在並びにそれらの独占性等を総合した、他の企業を上回る企業収益を稼得することができる無形の財産的価値を有する事実関係である。

昭和 51 年 7 月 13 日最高裁判所第三小法廷判決

　ここで、3 年間の 1 日あたりの来院患者数を追跡した調査結果から、1 日 60 人程度まで達した開業のケースを 4 件選別し、第三者承継で開業したモデルケースと、その他の新規開業ケース①～③の 3 件との比較をします（次ページ図参照）。

　当然ですが、第三者承継モデルは立ち上がり時期に圧倒的に患者数が多くなっています。時間の経過とともに、それぞれの新規開業モデルも 60 名前後に到達しています。

　新規開業①の場合、2 年ほどで 60 名に達し第三者承継モデルとの差額Ⓐは延べ 3,612 人となりました。1 人あたりの平均単価を 5,000 円と仮定すると、第三者承継モデルとの差は 1,806 万円ほどになります。

66

第三者承継開業と新規開業の当初差額モデル

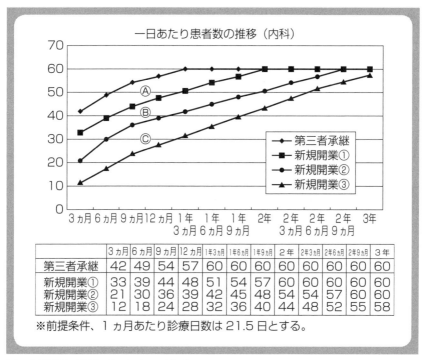

一日あたり患者数の推移（内科）

	3ヵ月	6ヵ月	9ヵ月	12ヵ月	1年3ヵ月	1年6ヵ月	1年9ヵ月	2年	2年3ヵ月	2年6ヵ月	2年9ヵ月	3年
第三者承継	42	49	54	57	60	60	60	60	60	60	60	60
新規開業①	33	39	44	48	51	54	57	60	60	60	60	60
新規開業②	21	30	36	39	42	45	48	54	54	57	60	60
新規開業③	12	18	24	28	32	36	40	44	48	52	55	58

※前提条件、1ヵ月あたり診療日数は21.5日とする。

図：税理士法人晴海パートナーズ作成

　同様に、新規開業②の場合と第三者承継モデルとの差Ⓐ＋Ⓑは延べ人数で 8,966 人となり 4,483 万円、新規開業③と第三者承継モデルとの差Ⓐ＋Ⓑ＋Ⓒは延べ人数で 15,158 人となり 7,579 万円となりました。

　知名度のない新規開業と、長年診療している病医院を引き継ぐ承継開業との差はこれだけ金額的に差が出てくるのです。

　開業から3年経ったあるクリニックでは、来院した新規患者から「こんなところにクリニックがあったのですね」と言われたことがありました。知名度を得るには時間がかかり、その時間にはコストがかかるわけですから、そこに何らかの価値すなわち営業権（のれん）があると考え

られるのはある意味で当然ともいえます。

　この営業権（のれん）を評価する方法は画一的に決まってはいませんが、一般的に正常な収益力の２〜３年分を計上するというケースがあります。ただし、この２〜３年分という数字も根拠があるわけではなく、慣行的に使われている数値となります。

　正常な収益力とは、決算書の損益計算書を基にして一定の修正を加えた当該クリニックの本来の収益力を指します。

正常な収益力

（千円）

	P/L 値	調整項目	修正値	
医業収益	65,000	0	65,000	
医業原価	3,250	0	3,250	
役員報酬	30,000	-12,000	18,000	①
人件費	11,700	4,000	15,700	②
交際費	2,000	-2,000	0	③
車両関係費	1,500	-1,500	0	④
減価償却費	5,000	-1,000	4,000	⑤
保険料	3,000	-2,500	500	⑥
地代家賃	9,000	-4,000	5,000	⑦
その他経費	3,000	0	3,000	
医業利益	-3,450	19,000	15,550	
営業外収益	2,020	-2,000	20	⑧
営業外費用	120	0	120	
経常利益	-1,550	17,000	15,450	
特別利益	4,000	-4,000	0	⑨
当期純利益	2,450	13,000	15,450	

例えば、正常な収益力を算定する一例として、

---

① 役員報酬3,000万円すべてを調整する考え方もありますが、常勤ドクターの人件費を1,800万円と仮定して、1,200万円を減算
② 役員のうち1名が事務を行っており、人件費に事務員給400万円を加算
③ 交際費の内容を精査した結果、診療のために不必要と判断し200万円減算
④ 訪問診療等を行う予定もないため車両関連の経費も不要なため、150万円減算
⑤ 車両の減価償却費100万円減算
⑥ 保険料のうち、生命保険料250万円は減算
⑦ 地代家賃のうち、社宅制度廃止予定のためスタッフなどの社宅の家賃400万円を減算
⑧ 営業外収益のうち、社宅制度廃止予定のためスタッフなどの社宅分200万円を減算
⑨ 非経常的な収益400万円を減算調整

　上記の調整を加えることで、決算書では245万円の利益が1,545万円の利益となり、この1,545万円の2〜3年分を正常な収益力として営業権の評価に加えます。仮に、前例の時価純資産法4,400万円の評価に、1,545万円の2〜3年分（3,090万円〜4,635万円）を加算すると、7,490万円〜9,035万円がコストアプローチでの評価額となります。

　ただ実際は、例えば、売り手はプライベートの住宅ローンが7,000万円ある、退職後に3,000万円欲しいと考えているので、キリのよい金額1億円で売却したい、買い手は新規開業すると1億2,000万円かかるが、それ以下で納めたいので1億円なら承継するなど、それぞれの考えで価格交渉して決定されるというのが実務上の譲渡価格の決定プロセスであることを付け加えておきます。

11 ニーズのヒアリング（ヒアリング内容）　買い手側

　買い手側についても、第三者承継にむけた実際の動きに入る前に以下のような基本的事項を明確にしたうえで、そもそも第三者承継によることが適切であるかも含め基本的な戦略を確認することが重要です。

・ドクターとして実現したいことはなにか？
・そのために必要なクリニックや法人の要件は？
・本人の年齢と後継者（予定者）の有無
・想定するクリニックの機能（診療科目、設備、立地等）
・想定するクリニック規模（職種別職員数、患者数、手術数、医業収益）
・準備できる自己資金の程度
・調達可能な資金とその返済原資
・妥協できる範囲（時間を優先するか、希望実現を優先するかのバランス）
・家族の協力が得られるかどうか

　これらの事項については、本人と親族等の利害関係なく本人の意向の実現のみを考えるメンバー間で明確にすることが重要です。仲介業者等が早期の段階から入ってしまい、いつしか本人の意向から離れたところで承継の話が進み、途中で「NO」と言い出しにくくなった、という事例は少なくありません。不動産を買うときと同様に、間違っても業者主導で話が進むことのないように「明確な軸」を確立することが大切です。

　ここまではっきりしたら、希望をまとめて仲介業者に対して仲介の依頼をします。仲介業者にはいろいろな系統や種類がありますが、いずれにしても以下のような事項をまとめて仲介業者に預け、対象となり得る情報を探してもらうよう依頼します。

・希望するクリニックの立地、規模、建物権利関係、設備
・希望する承継形態（個人または法人、賃貸または買取等）
・本人の経歴や資格等
・承継後に予定しているクリニックの概要（診療科目、運営方針等）
・現時点での本人に関する情報開示を許容する範囲

　ここでは、買い手側としての希望に加え、売り手側から承継相手として「選んでもらう」ことも目標にします。その際、あまりにぼんやりした希望では仲介業者は動きようがなく、また売り手候補者側からの目に留まらないこととなり、結果的に第三者承継成立の可能性が低くなります。かといって、最初の段階でこちらの情報をすべて開示してしまうと、いろいろな業者や怪しい情報が押し寄せたり、現勤務先との関係を悪化させたりということにもなりかねません。こちらの情報が流れても困ることがない範囲で、可能な限り具体的情報を預けることで、第三者承継成立の可能性が高まります。

　また、これらの情報に加え本人の履歴書や、承継してこのようなことを実現したいといった内容を簡単にまとめた「意向表明書」のようなものを用意し、複数の仲介業者に相談する際にはそれぞれに同じ情報を渡すことで、混乱を防ぎます。

　これら買い手側希望については立地や規模等の目に見えるものだけでなく、土地建物や医療機器等の権利関係や個人・法人等の開設主体、また単なる居抜き物件としての譲渡か、逆に職員、患者等も含めた包括的事業譲渡を希望するか等、目に見えないものについても明確に提示することが、その後の混乱を防ぐうえでのポイントになります。なお、それらの多くは法律関係が絡むものであり、法律用語等は正確を期す必要があります。作成に際しては、書面のみが「独り歩き」してしまうことを想定し、専門職を交えて希望を正確にまとめることが重要です。

　買い手がドクター個人である場合は本人の意向のみですべてを決定

し、全責任を個人で負うというある意味単純な図式となりますが、すでに病院やクリニックを持っている医療法人が買い手となる場合は、意思決定に至るプロセスに加え、譲渡を受けて以降の法的構成や手続きも複雑になります。買い手が法人の場合に想定されるパターンを相手（売り手）別に分類すると、以下のとおりとなります。

ア　売り手も法人の場合

ａ．売り手側法人から分離し、買い手側法人へ事業譲渡

　売り手側の法人の一部となっているクリニックを、何らかの事情により譲渡するものです。その際の事情としては、理事長でない管理者（理事）の退職、経営不振等の理由が多いようです。譲渡を受けた買い手側としては、既存クリニックとは別に分院等の形で開設することになります。売り手と同じ轍を踏まないよう、管理者となるドクターの確保、経営戦略等を盤石にして進めることが重要です。

　売り手から譲渡を受けたクリニックではあっても、法律上は買い手側が全く新しいクリニックを開設することとなり、公法上の手順としては以下のとおりとなります。

```
【買い手側既存法人の定款変更認可】
　⇒目的等変更登記
　⇒診療所開設許可
　⇒診療所開設
　⇒保険医療機関指定
```

　保険医療機関指定申請については、申請後に地方社会保険医療協議会の答申を経て翌月または翌々月の１日付で指定されるのが原則ですが、事業譲渡による開設で実質的に同一診療所であることが所轄の地方厚生局に明確に説明可能である場合に限って、既存診療所からの「開設者の変更」として開設日に遡って保険医療機関の指定を受けられる場合があります。

b．売り手側法人ごと買い手側法人へ譲渡

　売り手側医療法人が、出資持分のある旧法経過措置型であれば持分および経営権の一切、出資持分のない新法法人であれば経営権の一切と基金が未返還であればその返還請求権等の財産権の譲渡を受けます。

　譲渡を受けた買い手側としては、譲渡された法人の社員、役員等を入れ替えて法人、診療所ともそのまま継続、または譲渡された法人から診療所を切り離してaと同様の手順で買い手側法人の一部とする、のいずれかの方法で診療を継続することになります。

　なお、前段の手法で法人をそのまま継続し、法人の理事長が既存法人の理事長を兼務することになる場合、実際に2法人の管理が可能であるかにつき都道府県から照会が入る、または回避するように指導等が入る場合もあります。

イ　売り手が個人の場合

a．個人から事業譲渡を受け、買い手側法人で開設

　売り手が個人で開設しているクリニックの譲渡を受け、上記アa後段の手順で買い手側法人の分院等として開設することになります。なお、個人からの譲渡の場合はクリニックの設備や備品、消耗品等の有形物の譲渡は受けるものの、それ以外の財産等は前開設者に残る「居抜」での開設に近い形態となることが多くなります。

　ただ、純粋な「居抜」と異なり、包括的事業譲渡契約に基づきクリニックの経営主体が変わる場合は、個人情報保護法の例外として患者等本人の同意を得られない場合を除き、カルテ等の情報を売り手から買い手に引き継ぐことが可能となります。

b．個人から事業譲渡を受け、買い手側法人とは別に個人で開設

　買い手側が医療法人を持っていても、法人とは別に個人間で事業譲渡を受けてクリニックを開設することも可能です。買い手側からすると「理事長が法人とは別に個人で事業譲渡を受けて開業する」形となりますが、当該理事長が既存クリニックの管理者を兼務している場合には新たに個

人でクリニックを開設することはできませんので、既存クリニックの管理者は理事の中から別のドクターを選任する等の対応が必要となります。

　いずれにしても、医療法人をすでに持っているドクターが他のドクターから事業譲渡を受けるにあたっては、譲渡を受けた後の開設形態につき綿密に検討し、法律上実現不可能な契約をしてしまうことのないよう、専門職を交えて事前に検討することが重要です。

　以上のように買い手側の希望をまとめ、その中から「譲れない線」と「妥協可能なもの」を明確にしたうえで、仲介業者等に希望条件を伝えます。その際、業者は「まとめること」を最優先する存在であることを理解したうえで、希望条件は交渉の余地を見越して厳しめに伝えておくことが重要です。

　前述の「意向表明書」（71ページ）のようなものを作成する際にも、売り手側に提示する外部用のものとは別に、場合によっては譲ることのできる価格を含めた条件の限界を予め設定した内部用のものを設定しておき、複数の相手との間で条件交渉が錯綜しそうなときにある一線で機械的に切り分けることで、いろいろな情報に振り回されずに済ませる用意をしておくことをお勧めします。

　また、仲介業者へは買い手側の属性やプロフィール等の情報も預けることになります。それらの情報は詳しければ詳しいほどマッチングの確率は上がりますが、情報が周囲に漏れることを避けたい等の事情がある場合は、開示内容や範囲に制限を設けることになります。ただここでは、売り手側の気持ちに立つと「正体のわからない相手」よりも「素性がわかっている相手」との交渉を望みたくなるのが常ですので、開示内容や範囲についての制限は可能な範囲で緩くしておくことをお勧めします。

12　ノンネームシートの受領・検討 買い手側

　買い手側からの希望に基づき売り案件に関する情報収集にかかった仲介業者等より、対象医療機関や売主の氏名等個別の情報を抜いた状態の情報、いわゆるノンネームシートとしての情報が収集されて来ます。

　複数の仲介業者等に依頼している場合は、それぞれ異なる様式で情報が届くことになり、また業者ごとに用語の定義が微妙に異なっている場合があります。さらに、情報についてはプラス情報を大きく、マイナス情報を小さく見えるように表記している仲介業者もありますので、ノンネームシートの段階での情報はそのまま鵜呑みにすることのないよう、慎重に判断する必要があります。

　時々、案件規模に比して高額な条件や仲介料が提示されている場合があります。それらの多くは中抜き業者が複数介在している可能性が高いため、一般的には控えたほうがよいでしょう。

　ただし、どうしても気になる案件であれば、同じ案件につき複数の仲介業者から情報を取ることにより、最も条件のよい業者を見つけることが可能な場合があります。その際、もっともよい条件を提示した業者は売主に近いところにいる、いわゆる先順位業者であることが多く、その業者を選んで交渉を進めることで中間の業者が脚色した二次情報、三次情報に振り回されるリスクが減るばかりでなく、無用な出費を抑えることが可能になります。

13　秘密保持契約の締結

　仲介業者等を経由して入手したノンネームシートに基づき検討した結果、売り手側と買い手側の双方が取引相手の候補者となったところで、個別の交渉に入ります。この段階で初めて相手方の正確な氏名（法人名）や住所（所在地）等が相互に開示されることになりますが、売り手側としてはスタッフや患者、また周囲の関係者に情報が漏れることにより不安を招く、買い手側としては並行して交渉を進めている他の相手に情報が流れることで不利になる可能性がある等、情報が外部に漏れることで相互に不利益が発生する可能性があります。

　そのため、この段階では相互に秘密保持契約を締結し、関係者以外の第三者に情報が漏れることを相互に抑制することが通例です。

　この契約の期間を交渉期間中のみでなく、実際に譲渡に至った場合、譲渡に至らずに終わった場合を問わず将来にわたってこの交渉があったこと自体を外部に漏らすことを禁止するものとすることで、将来にわたって無用なトラブルを予防することができます。

　この契約が存在することにより、万一当事者の一方がこの契約に違背することにより相手方に損害が発生した場合は、その損害を賠償する義務を負うことになり、現実にはこれだけで完全とはいえない面があるとはいえ、相互に相手を縛る効果が発生します。

　仲介業者等はこの契約を「形式的なもの」と簡易にしてしまう傾向がありますが、契約内容、特に相手の承諾なく開示可能な相手の範囲や違背した場合の責任等については、間違っても業者に丸投げすることなく個々に検討することが重要です。

　秘密保持契約書の例は、50ページを参照してください。

14　仲介機関との契約

買い手側

　買い手として基本的な方針が固まったところで、仲介業者等に具体的な依頼をしていくことになります。依頼の段階では、以下の点に留意しながら進めることが重要です。

・業者の信頼性、実績等（経営母体や担当者の知識、倫理観等）
・具体的な依頼内容（書面で明示されていること）
・費用負担（額、支払方法、費用発生の時期、支払条件等）
・相手探しの方法、使用する媒体
・並行して他の機関へ依頼することの可否
・こちら側（買い手側）に関する情報の開示範囲
・キャンセルポリシー

　その際、依頼の趣旨として、双方の意思が概ね合致していることを前提に詳細を調整して具体的契約内容を調整する「仲介」、または双方の利益が対立していることを前提にこちら側の利益のために動く「交渉代理」、どちらの趣旨で依頼するのかを明確にし、必ず証拠となる書面にして依頼することも重要です。

売り手・買い手の承継手続

1　相手方とのトップ面談、大筋の意思決定

売り手側
買い手側

　開示された情報から相互に候補者として浮上し、調査結果からも大きな問題が見当たらない等、ある程度成立の可能性が出てきたところで、双方のトップ同士が顔を合わせて基本的事項につき確認、合意の機会を持つことになります。

　これにより、診療に対する考え方やスタッフの処遇、地域との関係といった、本人以外でも確認可能な譲渡条件等とは別の意味での医療機関としての最重要事項につき、「そもそも論」の認識違いや前提となる考え方の有無を確認することになります。

　ここでの確認事項はその後の交渉に大きな影響を及ぼしますので、当事者以外にはわからないことにつき、相互に「聞きにくいこと」も遠慮することなく質問し、あとから「こんなはずではなかった」といった事態を防止することが重要です。

　特に相手方からの要望・希望は書面でもらうようにし、さらにその優先順位やその事項が必須なのか、または妥協可能なのか等の詳細にまで踏み込む必要があります。

　なお、仮に細かな条件面での折り合いがつきそうであったとしても、この場で相互のイメージを共有できないことが明確になった場合は、そのままズルズルと流すのではなく一旦すべてを白紙撤回する勇気も必要です。また、逆に細かな課題が多数あったとしても、相互に納得できれ

ば妥協可能なものであり、それよりも第三者承継を成立させることのほうを優先したいという認識が一致したら関係者にその方針を伝える等します。

　相手方とのトップ面談は、トップにしかできない方針決定の場として、交渉プロセスの中では最大のイベントとなります。

　なお、この最大のイベントは、可能な限りクリニックの現場で休診日等に行い、相互に承継後のイメージが共有できるか否かを明確にすることをお勧めします。

2　諸条件の交渉・調整

売り手側
買い手側

　トップ面談で大筋の方向性が「前向き」と決まったところで、詳細な条件につき個別に調整する段階に入ります。仲介業者がいれば仲介業者を中心に、また相互に医業承継アドバイザー等の代理人を介しての交渉であれば代理人間で、以下の事項につき調整します。

ア　譲渡対象物

　最初にすべきことは、なにを譲渡するか（譲渡しないものはなにか）を明確に特定することです。知識のない仲介業者が作った契約書で「クリニックを譲渡」「医療法人を譲渡」のように「ふわっとした」ものも散見されますが、まずはクリニックのなにを譲渡するのか、医療法人のなにを譲渡するのかにつき、個別具体的に特定することが第一歩となります。

　この段階では売主側が出しているノンネームシート等をベースに、譲渡対象となる資産、権利等を個別に特定します。その際は、できるだけ具体的かつ明確に表記することが重要です。

　また、引き渡す書類についても法人に帰属するもの一切が前提となりますが、実際に引渡の確認ができるように個別に名称を特定し、契約書

末尾に「引渡物リスト」のようにすることをお勧めします。

とにかく後日のトラブルの元となる「ふわっとした承継」だけは避けてください。

イ　対　価

譲渡対象が特定されたら、それに対する対価を明確にします。ここでは、譲渡対象物に対する対価は当然のことながら、支払い条件、期限に加え、譲渡に伴い発生する登記、許認可等手続費用といった付随する負担についても明確にすることが重要です。なお、譲渡金額が大きくなると振込手数料も馬鹿になりません。契約で特に定めがなければ振り込む側が手数料を負担するのが原則ですが、契約条件としていずれの負担とするかについても明示しておきます。

ウ　契約の効力発生時期、違約条項等

契約により両当事者を拘束する効果は契約時から発生するのが通常ですが、事情によってはこれと異なる定めをすることも可能です。また、契約締結後にいずれか一方の理由により引渡に至らず破談になった場合については、相手方に発生した損害の賠償を含めたペナルティ条項を定めることが通例です。

エ　権利義務の帰属、簿外債務の扱い

現に稼働中のクリニックと法人の譲渡に際しては、契約から引渡の前後を通じて債権債務や資産等につき、常に動きが発生します。そのため、基準となる日（通常は引渡日）を定め、その日までに発生したものは売り手側、その日以降に発生したものは買い手側に帰属する等を明確に定め、引渡日以降に清算する等の対応が必要になります。

ただし、この合意についてはあくまで当事者間負担に関する合意に過ぎず、譲渡対象が医療法人の場合、第三者からみた債務者は承継前後を通じてあくまで「医療法人」であり、外部に対してその負担者がどちら

である等の主張をすることはできないのが原則です。

オ　瑕疵担保、違約条項

　売り手が対象物につき表明・保証した事項につき間違いまたは虚偽があった等により買い手側に損害が発生した場合は、損害賠償責任が発生するのが原則です。ただし、この責任については当事者間の合意により減免または加重することも可能です。契約内容の調整の段階で、売り手はどの程度の期間、どの範囲で賠償責任を負うかにつき調整し、契約内容に明示しておくことが重要です（第2章第2節5／第3章第4節（ひな形）医療法人持分譲渡契約書参照）。

カ　スタッフの処遇

　継続しているクリニックの承継前後の現場で最も影響が大きいのは、スタッフの処遇に関する問題です。

　医療法人を承継する場合は、スタッフの雇用に影響はなくそのまま雇用されているのが原則となりますが、それでも経営者の交代に伴って離職が発生する場合もあります。

　ただし、法人側の都合で退職を強要することはできませんので、契約の一部として「全スタッフを退職させる」等の条項があったとしても、それを理由にスタッフに退職を強制することはできません。

　クリニックが個人開設の場合は、売り手側の旧クリニックの廃止に伴い事業所は消滅し、雇用関係は一旦そこで終了するのが原則ですが、新クリニックでの雇用を希望するスタッフについては買い手側で採用する、その場合は勤続年数や退職金等を通算する、またはしない等につき明確に定めておく必要があります。

　なお、売り手側クリニックに退職金規程が存在し、かつ勤続年数を通算する事業譲渡契約の場合、または退職金規程を持つ医療法人の譲渡の場合は、引渡時点での退職金の試算額は売り手側で負担すべき性格のものと考え、譲渡代金から差し引いた額で契約する等の対応が一般的です。

キ　引渡期日

　長く診療を続けているクリニックや法人を譲渡するには、それなりの準備が必要となります。そのため、契約に際しては、契約から準備や引継に要する期間を勘案して、合理的な引渡日付を設定するのが通例です。また、スタッフの解雇を伴う場合等は、それに要する期間を含めて検討する必要があります。

　引渡日そのものは必ずしも月初である必要はありませんが、引渡後の清算事務の煩雑さを避けるため、レセプト請求の締め日を考慮していずれかの月の初日または末日を引渡日とすることが通例です。

ク　引渡前後の協力義務（具体的内容、期間）

　現に稼働中のクリニックや法人の譲渡に際しては、売り手、買い手相互の協力なくして完結させることはできません。具体的には、以下のような協力が必要となりますので、その内容、範囲、責任等につき明確にしておくことが重要です。

■個人開設の場合の例

> **（売り手・買い手双方）**
> ・保険医療機関としての指定を継続（新開設者の指定を承継開設日に遡及）させるため、遡及の要件を満たす目的で、売り手が開設する旧クリニックで買い手が、または買い手が開設する新クリニックで売り手が、いずれも引継を兼ねた勤務医として一定期間勤務する。
>
> **（売り手）**
> ・患者や関係者等に対し新院長を紹介し、引渡後の診療に不安を抱かせないよう努力する。
> ・スタッフの新開設者の下での勤務の希望の有無確認、雇用条件の調整
> ・引渡後に届いた引渡前の診療報酬に関する返戻や疑義照会等に対する対応
> ・クリニック廃止に関しての速やかな諸届完了

■法人開設の場合の例

（売り手）
・本人も含む社員、役員等の辞任・退社届のとりまとめ
・患者、取引先、金融機関等への新理事長の紹介等による新体制の円滑化
・スタッフの雇用条件、有給休暇消化状況等の確認および引継
・雇用条件不備の是正、未払い賃金分の支払い

3　意向表明書の提出・基本合意の締結　<small>売り手側 買い手側</small>

ア　意向表明書の提出

　意向表明書とは、買い手側が売り手側に対して、当該事業承継についての希望条件を提示するものです。譲渡額や譲渡形式、その他条件（既存のスタッフの処遇や役員構成など）を提示することになります。もちろん、意向表明書は後述する基本合意書とは違い、買い手側の希望条件を列挙したに過ぎず、法的な拘束力のある書面ではありません。その意味で、事業承継における必須の書面というわけではありませんが、譲渡交渉のとっかかりとして、形式はともかく、希望条件を明確化しておくことは重要です。

　売り手側としても、意向表明書に記載された条件をみて、譲渡先としてふさわしいかどうかを見極めることになるでしょう。

イ　基本合意書の締結

　意向表明書を受け、双方当事者は具体的に譲渡に向けた条件を詰めていくことになります。とはいえ、いきなり譲渡の詳細を合意することは難しいでしょう。単純な「もの」の売買ではないので、様々な事項について検討と合意のプロセスを繰り返すことになります。

そこで、事業承継においては、承継の大枠（譲渡方法や譲渡価格など）が定まった段階で基本合意書を取り交わすのが一般的です。意向表明書とは違い、双方の合意を書面化したものですから、当然一定の拘束力が生じることになります。

第3章「第三者承継の類型」で詳述しますが、譲渡形式がある程度確定すれば、譲渡形式に沿ったデューデリジェンスを迅速に開始することができます。

基本合意書は、あくまで大枠の合意であり、事業譲渡の通過点に過ぎません。デューデリジェンスを通じて、譲渡対象の医療機関の状況を客観的に把握しつつ、やりとりにおいて信頼関係を醸成することが最も重要です。

4 デューデリジェンス

買い手側

ア　法務デューデリジェンス

ａ．法務デューデリジェンスの必要性

クリニックの第三者承継においても、事業会社のM&Aなどと同様に、承継にあたって法的リスクがないかについての調査（法務デューデリジェンス）を行います。医療機関の場合、保険診療を含めて許認可の問題等もあり、事業会社の法務デューデリジェンスとは違った側面で注意する必要があります。

ｂ．法務デューデリジェンスでのポイント

①　総　論

法務デューデリジェンスでは、買い手側から依頼された弁護士が中心となって行われることが多いです。可能であれば、労務と関連する部分は社会保険労務士と、医療行政手続については行政書士と連携し、より精度の高い調査を行い、適切なリスク評価をすべきで

しょう。

　事前に売り手側に必要な資料の一覧を提示し、提出を受けた資料を読み込むという作業が多いですが、実際にクリニックに行き、現状の確認やヒアリングを行うことも極めて重要です（現場の雰囲気やヒアリングで明らかになる事実も多いのが現状です。「現場百回」「事件は会議室で起こってるんじゃない」ということをしばしば痛感します）。

② **コーポレート（組織体制など）**

　医療法人の場合、社員総会や理事会の議事録を含め、適切な手続きを経て意思決定がされているかをチェックします。医療法人では、社員、理事および監事が親族等で構成されている場合も多く、社員総会や理事会といった手続きがおざなりにされていることもあり、慎重な調査が必要です（極端な例ですが「現時点での社員が誰なのかわからない」といったケースも存在します）。

③ **関連当事者との取引関係**

　医療法人の場合、理事や監事といった関連する当事者との取引関係がないかといった点も調査します。身内同士の取引関係となるため、残念ながら、不当にクリニック側が不利な条件の契約を締結しているというケースもあり、注意が必要です。

④ **財産関係**

　医療法人の場合でも個人クリニックの場合でも、売り手側が保有している財産が譲渡対象となります。固定資産台帳に記載された動産（医療機器など）が実情と合っているか、承継後にそのまま利用可能か、買替えや修繕が必要かなどの観点もあわせて考慮します。

　医療機器などが老朽化や破損している場合は、承継前に売り手側に修繕や交換、処分を求めるか、譲渡代金を調整して買い手側で対処するかを検討する必要も生じます。

　最終的な譲渡契約書に漏れなく財産関係を記載するためにも、現地調査が極めて重要になってきます。

⑤　労　務

　　具体的には「労務・医療法務デューデリジェンス」の箇所で詳述することになりますが、就業規則（賃金規程などの各種規程も含む）や雇用契約、労働条件通知書が適法になされているかといった点を確認します。

　　労働関連法規違反（特に未払い残業代の問題）や労使トラブル（団体交渉や訴訟）の有無は、承継後の大きなリスクともなりかねないので、社会保険労務士と一緒に詳細な調査が必須です。

⑥　借入関係など

　　借入状況や、融資契約書の内容をチェックします。医療法人承継の場合、借入も承継することになりますので、状況の確認は必須です。

　　また、医療法人と理事長などの関連当事者との借入関係がある場合には、関連当事者との取引関係で述べたのと同じく、実態を精査する必要があります（単に、立替経費が借入として処理されているだけなのか、不当な金銭の流れではないか、といった観点がポイントになります）。

　　寄付金といった名目で金銭が流出していないかといった点も調査します。

⑦　医療行政手続

　　この点も具体的には「労務・医療法務デューデリジェンス」の箇所で詳述することになりますが、保険医療機関としての指定に関連する部分は、行政書士と一緒に十分な調査をする必要があります。承継後も保険医療機関としてスムーズに運営していくにあたって極めて重要な部分です。また、医療法人の承継であれば、承継前に生じていた事象であっても、診療報酬の自主返還のリスクを引き継ぐことになるので、そういった観点でも重要な調査ポイントです。

⑧　紛争関係

　　現時点で係争中の紛争がないか、将来的に発生し得る紛争がないかという観点から調査します。実際に訴訟になっている場合には、

訴訟関係資料を確認し、今後の経過予測と勝訴可能性を検討します。労使間紛争（残業代請求）や医療事故、従業員による横領などが典型的です。

　また、過去に紛争が生じていたという場合、承継時点で再発のリスクがないかという観点からチェックをします。

　以上のような話をすると「法務デューデリジェンスをする弁護士は、売り手側のクリニックを信用していないのか」とお叱りを受けそうですが、「信用していない」というわけではありません（信用していないのであれば、そもそも承継を検討しないです）。ほとんどのクリニックにおいて、意図的に生じた法的リスクというものはないでしょう。

　しかし、クリニックでは、「院長が実働と経営を兼ねる（＝プレイングマネージャー）」という状況が大半であり、忙しいクリニックほど法務に対して十分な注意を払えていないのです。

　その結果、意図しないかたちで、法的リスクが存在しているというケースが極めて多く、買い手側の弁護士としては、いわば「性悪説」に立ったかたちで法務デューデリジェンスを行わざるを得ないのです。

イ　財務・税務デューデリジェンス

　財務デューデリジェンス（以下、「財務DD」という）や税務デューデリジェンス（以下、「税務DD」という）とは、クリニックの財政状態や収益力、資金繰りおよび税金の否認リスクの状況を調査・報告することであり、第三者承継のリスクの測定や譲渡価格への影響もあり医療法人格を承継する際には必ずやっておくべきものです。

　実際に行うのは、公認会計士や税理士が中心となりますが、医業承継アドバイザーも一般企業のデューデリジェンスとの違いを認識しておきましょう。

　多くのクリニックの第三者承継の場合、ドクター一人で診療し、引退すると同時に譲渡するケースが多いのですが、その場合、収益力たる前

ドクターは承継の対象とはならないという点が一般企業のM&Aと大きく異なります。

　現状の収益力は前ドクターが引退すると同時に失われ、引き継いだ側の新ドクターが診療し収益をあげるので、承継前と承継後で収益力の承継がなされないため、財務DDにおける収益力は1つの参考資料程度に過ぎません。

　ただし、勤務ドクターが多数いて組織に収益力が帰属しそのドクターがいる組織ごと承継する場合には、収益力の承継がされるため、譲渡側の正常収益力が重要視されます。その点も踏まえて財務DDを行います。

　税務DDは医療法人を法人格ごと承継するときは必須となります。後述する事例（第4章第3節参照）にもありますが、税務DDを省いたばかりに多額の損失を被るおそれがあるからです。

　税務DDの目的は、第三者承継の買い手側の持つ税務リスクを事前に調査・分析し、買収後の対策を講じることにあります。

　過去の収入の漏れや経費の過大計上、税額計算のミス、届出事項のミスなど第三者承継の実施後に発覚してしまうと、買い手側がその支払義務を負い、損失が生じます。

　逆に、事業譲渡の場合は売り手と買い手とで課税主体が異なり税務リスクを引き継ぐことがないので、税務DDは不要です。当初、医療法人格の承継を進めていたが税務リスクの発生が懸念されるため事業譲渡に変更したケースもあります。

　税務DDは、基本的に税務調査と同様の手法で行います。

　過去の税務申告をもとに税額計算が適正に行われているかが主なポイントとなります。そのため、直近で行われた税務調査があればその内容も必ずヒアリングしておきましょう。

　財務DDおよび税務DDに際しては、主に次のような資料を用意してもらいます。

- ・クリニックのパンフレットなど
- ・履歴事項全部証明書（医療法人のみ）
- ・決算書3期分
- ・確定申告書3年分（個人クリニック）
- ・税務申告書（法人税・消費税・地方税）3期分（医療法人）
- ・勘定科目内訳書3期分（医療法人）
- ・総勘定元帳、補助元帳
- ・固定資産台帳
- ・取引関連契約書、リース契約書、保険契約書、金銭消費賃貸取引契約書などの契約関連資料
- ・不動産売買契約・不動産賃貸契約書など
- ・株主総会議事録、取締役会議事録など

ウ　労務・医療法務デューデリジェンス

a．労　務

　人事労務分野におけるデューデリジェンス上の注意点を以下に記します。

①　就業規則

・「対象労働者が明確に記載されているか？」

　　正職員とパートタイム労働者で適用される内容が異なるにもかかわらず、就業規則に明確に記載されていない場合、パートタイム労働者から正職員と同等の内容を要求された場合に断ることができません。なお、パートタイム労働者用の就業規則を定めた場合は、それらも合わせて全部が就業規則になるため、常時10人以上の労働者を使用する医療機関はいずれの就業規則も労働基準監督署に提出してください。

・「試用期間を理由に低廉な賃金を設定していないか？」

　　試用期間ということだけで一方的に低廉な賃金を設定することは違法になります。雇用契約書や就業規則に明記され、労働者の合意があって初めて適法になります。また、最低賃金法における減額特

例を適用するには都道府県労働局長の許可を受ける必要があるので注意が必要です。

・「有給休暇など過剰に付与されていないか？」

　福利厚生としてスタッフに法定以上の有給休暇を付与することは決して悪いことではありませんが、入職と同時に20日を付与するなど必要以上の厚遇となっていると、スタッフ数はいるのに勤務人数が不足するという事態が生じることになります。または、必要以上の人員を雇用しなければ通常業務が回らないことになり将来にわたり人件費の高騰が続くことになります。

・「パートタイム労働者にも有給休暇が付与されているか？」

　パートタイム労働者に有給休暇が必要なことを理解していない経営者が時々いますが、パートタイム労働者にも勤務日数応じて有給休暇を比例付与しないと違法となります。場合によっては、過去にさかのぼって有給休暇を要求される可能性があります（なお、有給休暇は2年で時効になります）。

・「勤務時間に違法性はないか？」

　就業規則や労使協定で変形労働時間が定められていない場合や、有床診療所であれば病棟看護師の休日が正しく設定されていない場合があります。シフト制を組んでいる医療機関では注意が必要です。また、週44時間の所定労働時間を設定している医療機関もあると思いますが、この特例措置対象事業は常時10人未満の労働者を使用する場合のみですので、こちらも併せて確認してください。

・「休憩時間の付与は適切か？」

　休憩時間の時間数が適切かを確認する必要がありますが、よくある事例として、電話当番として子機を持たせたまま休憩させている場合があります。電話当番は労働からの解放が完全に保障されていないため休憩時間とはならず違法となり、過去にさかのぼってその分の賃金を要求される可能性があります（なお、未払い賃金の時効は5年です（当分の間は3年））。

・「36協定は提出されているか？」

　「時間外労働・休日労働に関する協定届」（いわゆる「36協定届」）の対象期間は最長1年であるため、1年ごとに再締結が必要になりますが、そのまま放置している事例が多くあります。今一度過去の内容を確認して法改正による特別条項等も考慮して再締結されることが望ましいです。なお、スタッフに時間外勤務をさせるには36協定があれば足りるというものではなく、雇用契約書または就業規則にて定める必要があります。

・「母性健康管理に配慮されているか？」

　男女雇用機会均等法により女性労働者の母性健康管理措置が事業主に義務付けられています。古くに作られた人事労務規程には入っていないことがあるため、時代に即しているのか確認が必要です。特に妊婦は一定の条件の下、休憩時間の延長等が認められています。

・「服務規律が適切に規定されているか？」

　スタッフの勤務態度や素行を理由に解雇する場合に、就業規則に服務規律が、さらに懲戒事由が適切に記載されていると、それに基づいて解雇の妥当性が高まります。承継後のスタッフ管理に大きな影響を及ぼしますので、事前に確認しておくことが必要です。

・「定年は適切か？」

　高年齢者雇用安定法により、定年を定める場合、60歳未満に設定することはできず、加えて、65歳までの安定した雇用を確保するため、①65歳までの定年の引上げ、②希望者全員を対象とする65歳までの継続雇用制度の導入、③定年の定めの廃止のいずれかの措置を講ずることが義務付けられています。このうち、②の継続雇用制度では、一定の条件のもと継続雇用の対象者を限定する経過措置が認められていますが、2025年3月末にこの経過措置が終了します。さらに2021年4月には65歳から70歳までの安定した雇用または就業を確保するよう努めなければいけないこととされています。就業規則において法改正に対応した見直しがなされているか

確認が必要です。

・「解雇に関する規定が適切に作成されているか？」

　解雇となる場合に、普通解雇の事由として、事業の縮小その他が記載されていない場合があります。服務規律と併せて重要な部分となりますので確認が必要です。

② **育児・介護休業規程**

・「対象労働者が明確になっているか？」

　育児・介護休業規程が作成されている場合はほぼ法令どおりの内容となっており、過去において該当者がいなければ見直しもすることなくそのままといった例が多いようです。もっとも問題となるのは作成すらされていない場合ですので、まずは規程として存在しているかを確認してください。そのうえで、対象従業員が明確になっているか、特にその事業主に継続して雇用された期間が1年に満たない労働者については除外するなど除外規定を設ける場合には労使協定が必要となることを確認してください。

　育休の延長として保育園などに入れなかった場合についても記載があるか確認が必要です。女性の多い職場においては安心して働ける制度が整備されいるかが重要となってきます。

・「介護休業回数が法改正に対応しているか？」

　介護関連では介護休業の取得回数が2017年1月より、同一対象家族につき通算して93日を限度として3回まで可能となっています。法改正に合わせた修正がなされているか確認が必要です。

③ **賃金規程**

・「賃金構成が複雑になっていないか？」

　賃金の構成に注目してください。古くから開設されている医療機関に多いのが調整給や意味不明な手当の類です。基本給のほかに場当たり的に設けた複雑な給与が多数あり、そこには特に付与基準もなく賃金体系を徒に複雑にしている例があります。承継後の人事管理においては基本的に不要ですので、どのような賃金体系になって

いるのか十分な確認が必要です。

・「賞与の支給基準が明確化されているか？」

　事業を承継する場合、特段の事情がない限り勤続年数も継続するのが原則です。そのため、賞与支給に在籍期間の要件が付加されているのか確認する必要があります。また、支給額についての基準に不合理な定め方がされていないかについても併せて確認してください。賞与は業績により支給しないことがある旨の記載がされているかの確認も必要です。

④　**退職金規程**

・「過剰な支給額が設定されていないか？」

　人事労務関係で最も気を付けて確認しなければいけないのが退職金規程です。退職金規程が存在しない医療機関が多いなか、昔の公務員の制度を引き写した退職金制度が存在しており、現在の基準に照らし合わせると必要以上に高額に設定されている場合があります。しかも、退職金引当金も積まれておらず、現在のスタッフが全員退職してしまったら多額の退職金で経営が傾きかねないケースもあります。そういった退職金規程に関しては承継時にスタッフの承認を得て不利益変更をしなければいけないといった事例もあります。また、規程に基づき引渡時点で試算した退職金については、一種の「簿外債務」とも考えられますので、規程内容と対象者を十分に確認し、承継契約の条件に含めて検討する必要があります。

⑤　**その他**

・「人事考課」

　人事考課の有無が直接経営に影響を与えるわけではありませんが、適切に実施されている医療機関は総じて人事管理がしっかりしておりスタッフ教育も適切に行われている傾向にあります。医療機関の管理レベルが見て取れますので、本項目についてもぜひ確認をしてみてください。

・「面談」

スタッフと定期的に面談が行われていることは、経営者との双方向の意思疎通が十分に行われている証拠となります。企業風土を確認するうえでも実施の有無を確認してみることをお勧めします。

b．医療行政手続

① **クリニック関連／個人・法人共通**

クリニックが適法、適正に運営されていることにつき、以下の資料を入手して書面上で確認し、現地調査により書面と相違なく適切に運営されているかにつき確認します。

【診療所開設届出、変更届出】

診療所としての届出内容（管理者、診療科目、従事する医師、職員数、診療時間、診療所の構造設備等）が相違ないか

【保険医療機関指定申請、施設基準届出書類】

保険医療機関として指定を受けた時の前提事項（管理者、構造設備等）に相違ないか、届出済の施設基準の要件は充足しているか

【診療用 X 線装置備付届、放射線漏洩検査記録、被ばく管理記録】

レントゲン室の構造設備に変更や異常はないか、線量測定は 6 カ月ごとに行われているか、従事者への被ばく管理は適切に行われているか

【資格者の免許資格等確認（免許証 copy 保管、原本確認記録）】

医師、看護師、薬剤師、理学療法士／作業療法士等の免許証は入職時に原本を確認し、記録を残しているか

【診療録、放射線照射録、看護記録】

診療録その他診療に関する記録類は要件を満たした形式、内容で作成し、適切に保管されているか

【診療報酬請求明細、返戻時の対応】

レセプトは適切に作成、請求されているか、また返戻に対しては適切に再請求または改善がなされているか

【医療安全研修記録】

適切に実施し、記録を残しているか

【医薬品管理体制（含む麻薬）】

規制区分に応じて適切な管理がなされているか

【カルテ開示規程、開示記録】

規程を作成し、適切に運用しているか

【個人情報保護体制】

指針を作成し、研修を実施、院内掲示等により適切に運用しているか

【インシデント（アクシデント）報告類】

適切な体制のもとで運用され、記録が保管されているか

【現金管理体制】

日計表、月計表と連動し、過誤があった場合に対応できる体制となっているか

【医療安全指針】

適切に作成され、必要に応じて更新されているか

【医療機器管理指針、医療機器点検記録】

適切に作成、運用されているか

【医薬品管理指針】

適切に作成、医薬品の規制区分ごとに運用されているか

【麻薬施用者（管理者）免許、麻薬帳簿、年間麻薬届】

麻薬施用がある場合、免許を持つ資格者が適切に管理、施用し、適切に報告を行っているか、また帳簿と実在庫が整合しているか

② 　法人関連

上記に加え、クリニックが法人開設による場合は以下の事項につき確認します。

【定款、定款変更認可申請書、認可書】

設立時の認可書副本に合綴されている原始定款から、変更時の認可書類、現行定款まで保管を確認、都道府県窓口にある閲覧用定款との整合

【社員名簿】

設立以降の社員の変遷および持分または基金返還請求権の有無

【社員入退社時の社員総会議事録、入社申込書面および退社届等の証拠書面】

上記社員名簿の証拠書類

【役員名簿】

設立以降の役員の変遷

【役員変更届出、選任時の議事録、就任承諾書類】

上記役員名簿の証拠書類

【理事会細則、社員総会細則】

定款以外に作成されている場合は作成、改訂履歴も含めて確認

【理事会議事録、社員総会議事録、招集通知】

定款、細則どおりに運用されているか

【公印管理規程、公印使用記録】

法人代表印が適切に使用されているか（万一、記録されていない書面等が出てきた場合の反論材料の一部とすることも想定）

【福利厚生規程、職員住宅規程】

福利厚生に関する費用が計上されている場合は、その支出が規定に沿って適正に行われていることを確認

【MS 法人との取引契約書類】

役員または役員と関係のある事業者との契約関係が存在する場合は、その契約内容が適切であるかにつき確認

c．**土地建物**

譲渡対象にクリニックの土地建物等の不動産が含まれる場合は、譲渡対象予定資産のリスト（未作成の場合は売主の決算書上の固定資産台帳）を基に、以下の点につき確認します。

① **土　地**

【不動産登記事項証明書、登記済証または登記識別情報】

売主が正当な処分権限を持っているか、譲渡後ただちに登記可

能か確認

【隣接地との境界】

現地で境界標を確認し、公図写しと照合

【近隣トラブルの有無】

売主から確認した事項につき現地で照合

② 建　物

【書面確認】

・不動産登記事項証明書、登記済証または登記識別情報

・建物建築確認済証、完成検査済証

・設計図面、改修履歴

・消防用設備等設置届出書、防火対象物使用開始届

【現地確認】

・届出済図面との差異、違法建物となっていないか

・不具合、雨漏り等

・配管、空調機器等の寿命残

・消防への届出書面との差異

d．設備・備品

譲渡対象にクリニックの設備・備品等の有形固定資産が含まれる場合は、譲渡対象予定資産のリスト（未作成の場合は売主の決算書上の固定資産台帳）を基に、以下の点につき確認します。

【機器類】

・リストどおりの機器の存在

・機器ごとの保守点検記録、保守管理契約

・機器ごとの動作確認

・放射線線量測定記録

・消防設備点検記録（消防への届出との整合確認）

ア　譲渡契約書作成の意味

a．契約書作成の意味

　デューデリジェンスが完了し、売り手側と買い手側の条件が合致したら、最終的な譲渡契約書を作成します。

　ところで、一部の特殊な契約を除き「契約書」という書面の作成は、契約成立に必須の要件ではないということをご存知でしょうか。それにもかかわらず、「契約書」という書面を作成するのは「契約の成立」と「契約の内容」を明確に証拠として残す必要があるためです。

　「そんなことは当たり前」という声が聞こえてきそうですが、あえてこのような話をしたのには理由があります。契約の成立にあたって「契約書」という書面の作成が要件となるわけではない、つまり、契約書の体裁が重要なのではないということです。「契約書」にどのような条項を盛り込み、どのようにリスク管理するのかという観点こそが重要なのです。買い手側が契約書のドラフトを作成する場合、表明保証、誓約事項、解除条項、補償条項など、売り手側を拘束する内容が多くなります。売り手側としては、補償の上限や免責規定を盛り込むことで調整することになります。

　以下、具体的にどのような条項でリスク管理を行っていくべきかをみていきます。「木をみて森をみず」という状況に陥らないことが極めて重要です。

b．表明保証

①　概　要

　事業承継における譲渡契約書において特徴的なのが「表明保証」と呼ばれる条項です。表明保証とは「各当事者が一定の事項が真実かつ

正確であることを相手方当事者に対して表明し、保証する」条項です。

　もちろん、事業譲渡においてデューデリジェンスは必須です。しかし、デューデリジェンスは、買い手側が外部から行うものであって、譲渡対象となっている医療機関のことを完全に把握するのは困難です（売り手側が虚偽の説明をしたり、売り手側に不利な事情をあえて伏せていたりする場合はなおさらでしょう）。

　そこで、売り手側が一定の事項を保証する「表明保証」の条項が用いられることになります。買い手側は、売主側の表明保証によってデューデリジェンスの負担が軽減され、売り手側としても表明保証により、譲渡価格やその他条件についての交渉に注力できるため、双方にとってメリットがあります。

　一方で、売り手側のリスク低減のため、表明保証に「知る限り」や「知り得る限り」といった限定を付ける場合もあります。「知る限り」は売り手側が「現に知っているか否か」が、「知り得る限り」は売り手側が「現に知っていた場合」に加え「合理的な調査をしていれば知ることができた場合」が表明保証の範囲になります。

② 　表明保証の効果

　表明保証を実効的にするため、表明保証違反について、①本件事業承継を中止したり、譲渡契約を解除したりすることができる、②賠償請求（補償請求）をすることができるという条項を設けることになります。

③ 　表明保証の具体例

　医療機関の第三者承継においては、具体的な状況にもよりますが、以下の事項が表明保証の対象となることが多いです。

・医療法人であれば現在も適法に存在していること
・保険診療を行ううえで必要な許認可を得ていること
・決算書等の計算書類が正確かつ適正であること
・会計帳簿が正確であること
・出資持分や社員に関する事項
・承継される資産や負債に関する事項

意外と重要なのが、承継される資産や負債に関する事項です。買い手側としては、特に直近の計算書類等に記載されていない債務（いわゆる簿外債務）が存在しないことを表明保証の対象としておくべきでしょう。例えば、承継前に生じていた未払残業代、第三者承継によって返還する必要が生じる補助金や承継前の診療について個別指導により診療報酬の自主返還を求められるといった予想外の債務に対応するためです。この場合、「潜在債務、保証債務、偶発債務および不法行為責任から生じる債務を含む」などと規定します。

　これに対して、売り手側としては、補償や損害賠償義務の上限額を定めたり、賠償義務を負う期間を限定したりするなどして対応する場合もあります（詳細については後述します）。

ｃ．誓約事項

①　概　要

　誓約事項とは「買い手側と売り手側で一定の行為をすることまたはしないことを約する合意」のことを指します。誓約事項違反が生じた場合、解除や賠償責任の問題が生じる点で表明保証と共通する機能があります。

　一方で、表明保証は、契約締結日など一定の時期における状態を保証するものですが、誓約事項は契約締結日から譲渡日（引渡日）までに行うべき義務（引渡日以降に発生する義務を含む）を設定するという点で違いがあります。

②　誓約事項の具体例

> ・社員の退社と退社届の取りまとめ（医療法人の場合）
> ・理事、監事の退任と退任届の取りまとめ（医療法人の場合）
> ・定款変更等にかかる費用の分担
> ・既存のスタッフの処遇について（退職または雇用の維持）
> ・デューデリジェンスで発見された問題点の是正
> ・競業避止義務

　ここでは「競業避止義務」について補足しておきます。「競業避止義務」とは一般的に、売主側がこれまで行っていた事業と同様の事業を行わないようにする義務のことを指します。

　売り手側が、医師を引退するというような場合は別ですが、医業全般を禁止するような競業避止義務を設定することは非現実的です（広範な競業避止義務を設定しても裁判上無効とされるケースもあります）。一定期間、同一商圏内で同一診療科の開業や勤務を行わないというかたちになるのが一般的でしょう。

d．補償および賠償

①　概　要

　前述のとおり、表明保証や誓約事項の実効性を担保するために、表明保証違反、誓約事項違反があった場合、損害を填補または賠償する旨の合意をすることが一般的です。

②　補償および賠償の制限

　売り手側としては、意図せず表明保証違反や誓約事項違反が生じてしまった場合に備え、補償および賠償の制限を規定しておくケースもあります。

　例えば、補償および賠償額の上限について「譲渡対価を上限とする」というような規定をします。

　また、半永久的に補償や賠償請求を受ける可能性があるという状況をつくらないようにするため、買い手側が補償や賠償を求めることができる期間を限定し、それ以降の請求については、売り手側が補償や賠償を行う義務を負わないと規定することもあります。

e．反社会的勢力の排除

　最近では、ほとんどの契約書で反社会的勢力の排除について規定されることが多く、医業承継における契約書も例外ではありません。反社会的勢力との関係がないことの表明と当該規定違反による解除、損害賠償が規定されることが一般的です。

それだけではなく、反社会的勢力の排除を規定した条項があることで、一定の要件を満たせば、警察に対して、契約の相手方が反社会的勢力に関与していないかについて照会することが可能となります。

ｆ．解　除

　通常の契約であれば、どちらか一方に契約の義務違反が生じていて、契約の目的を達することができないという場合には、時期に限定なく、契約を解除することができるという場合が多いでしょう。

　しかし、承継の場合、承継発生後は買い手側で様々な手続きが進められるため、契約を解除して元に戻すということがきわめて困難な場合が多いという特殊性があります。

　そのため、解除が可能な時期について、特定の日付まで（承継の実行日や引渡日など）までは解除が可能とするケースがほとんどです。特定の日付以降に義務違反等の不都合が生じた場合には、賠償や補償など金銭的な処理を行うことになります。

　その観点からすると、承継にあたっては、デューデリジェンスや事業計画を含め、慎重に判断していくことが求められます。

イ　まとめ

　上記のとおり、最終譲渡契約書においては、契約当事者双方の意見を調整しつつ、各リスクに対応した条項を整備していく必要があります。

─ 第３節 ─
承継前後のそれぞれの実務

1 売り手側の承継前後の実務

<small>売り手側</small>

ア　スタッフへの告知

　まず、第一にやらなければいけないことは「スタッフへの告知」です。経営者が変わることはスタッフにとっては雇用環境が変わることを意味しますので、十分な期間をとって対応する必要があります。雇用条件の変更や整理解雇を行う場合では、少なくとも２カ月以上の期間をとってスタッフに説明し、同意を得ておく必要があります。雇用条件の変更や整理解雇等を行わない場合においても、少なくとも１カ月前には告知するのがよいでしょう。

a．告知の方法

　告知の方法としては、個別に話を進めるよりもなるべく多くのスタッフを集めたうえで一度に話すほうがよいでしょう。伝える内容が相手によって少しでも違ってしまった場合や、相手に異なった解釈をされた場合に、間違った情報が院内に流れ、それがスタッフの不信感につながる可能性があるからです。全員が聞いている場で理解しやすい文言を選んで伝えます。

b．告知者

　告知をする人は雇用主である理事長や院長になります。事務長などに代弁させるのではなく、雇用主自らが説明することで説得力と納得感が

高まります。もちろん、役割分担をして大筋については理事長が説明し、事務的な話は事務長などがするという方法でも構いません。大事なのは理事長自らが事業承継の話をするということです。

c．告知内容

　事業承継をすることとなった事実は当然として、事業承継をしなければならなくなった背景や理由を話せる範囲で説明します。ここでのポイントは、あくまでもスタッフに同意と納得をしてもらうことを目的としているということです。したがって、個々の細かな理由や個人的理由などについては省いて構いません。嘘はいけませんが、情報として必要なものを取捨選択し、スタッフが同意し納得感を得るに十分な内容を中心に話をするのであればよいでしょう。

　また、相手先情報については隠さずに説明することが必要です。個人なのか法人なのか、法人であれば経営母体やどのような事業を行っている法人なのかといった概要はもちろん、事業承継を受ける意図や相手がこちらをどのように見ているのかなど丁寧に説明して、スタッフに安心感を与えられるようにします。間違ってもこの事業承継が単なる買収や乗っ取りによるものであるといった悪いイメージを持たれないようにします。

　また、可能であれば相手先の理事長や事務長等の経営幹部の方に来てもらい、挨拶や簡単な説明をしてもらうとスタッフの安心感はさらに増します。

　そして、継続雇用などのスタッフ処遇について、この段階で説明をします。決まっていないのであれば、こちらが提示している条件や交渉の状況を説明すると同時に、期限としていつまでに決定するのかを明確にして通知します。

項　目	内　容
告知の時期	・雇用条件の変更や整理解雇がある場合：2カ月以上前 ・雇用条件の変更や整理解雇を行わない場合：1カ月以上前
告知者	・雇用主（理事長）※一部については事務長の説明も可
告知内容	・事業承継をすることとなった事実 ・背景や理由 ・相手先情報 ・スタッフの処遇　　等

イ　雇用契約の確認

　スタッフへの告知が済んだら、スタッフ個々と雇用契約の意思確認を行います。

　古い病院や地元に根差している医療機関に多いのですが、この理事長だからこそここまで一緒に働いてきたという、理事長と苦楽を共にしてきたスタッフが少なからずいます。全員継続雇用を前提とした場合でも、退職を考えるスタッフもいるはずです。今後買い手側に引き継ぐ際に、継続雇用を希望するスタッフの数を把握しておく必要があります。今すぐに回答を求める必要はありませんが、どの程度の職員が希望しているのかという大まかな情報は買い手側と共有しておく必要があります。

　確認方法として、本来は個々の面談が丁寧で望ましいですが、スタッフの人数等を考慮して書面によるものとすることでも差し支えありません。ただし、その場合にも相談を必要としているスタッフに対しては、直接面談ができる機会を用意しておくことが大切です。

ウ　整理解雇が必要な場合

　事業承継では、事業をそのまま引き継ぐためスタッフは継続雇用という場合が多いです。しかし、デューデリジェンスなどにより特定の人員が過剰となっていることが判明した場合や病院の一部の診療科を閉鎖す

る場合など、整理解雇を事業承継の条件とする場合もあります。

　整理解雇が事業承継の条件となった場合には、売り手である理事長が人選などを含めて対応しなければいけません。このときに考えなければいけないのが過去の労働裁判例により確立された、いわゆる「整理解雇の４要件」になります。

ａ．整理解雇の４要件

　整理解雇を行う場合に、その解雇の有効性を判断する要件として過去の労働裁判によって以下の４つの要件を満たすことが重要であると示されています。

・経営上人員削減の必要性

　倒産寸前に追い込まれているなど、整理解雇をしなければならないほどの経営上の必要性が客観的に認められることが必要です。整理解雇が事業承継の条件となる場合は、人員削減をしなければ事業を継続することができずに存続ができない状態になりますので、本要件を満たす可能性が高くなります。

・解雇回避のための努力

　希望退職の募集、賃金の引下げ、役員報酬のカットその他、整理解雇を回避するために、事業者が最大限の努力を尽くしたこと等が要件となります。事業承継の場合では、まず人数を設定して希望退職を募集することからはじめてみるのがよいでしょう。

・対象者選定の合理性

　勤続年数や年齢、出勤率、人事考課など解雇の対象者を選定する基準が合理的で、かつ、基準に沿った運用が行われていることが求められます。こちらについては事業承継の場合と関係なく必ず合理的基準が必要です。人事考課の成績が低い者からといった能力を基準にしたものでもよいですし、年齢を基準としたものでもかまいません。ただ、年齢を基準とした場合、年齢が高い者からとしたときは一見、若い者が残り将来性があるとも見られますが、ベテランがいなくなり事業が回らなくなることや退職金の支出が高額となること等のデメリットがあることも同時

に考えなければいけません。スタッフのことを考えて、再就職のしやすい若い人材を解雇して、年齢の高い者は残留させるといった場合も考えられます。

・解雇手続の妥当性

　整理解雇の必要性やその時期、方法、選定の基準等について、労働者の代表などと十分に協議をし、納得を得るための努力を尽くしていることが必要です。協議する相手は、労働基準法施行規則に定められた過半数代表者が望ましいですが、必ずしも代表者に限られたものではなく、広く複数のスタッフの意見を聞くことも大切です。なお、協議の結果、経営者側が十分な努力をしたこと等が認められれば、スタッフの最終的な合意が取れなくても解雇手続としての妥当性が認められた裁判例もあります。

整理解雇の4要件

```
・経営上人員削減の必要性
・解雇回避のための努力
・対象者選定の合理性
・解雇手続の妥当性
```

エ　引き継ぎ開始

　新たな経営者の下でのオペレーションが始まります。事業承継において新たな経営者は敵ではなく事業継続を支えてくれる救世主としての立場が一般的です。初対面ではうまくコミュニケーションが取れずに困ることもあるかと思いますが、事業を支える仲間であることを忘れずに協力し合うことが大切です。

オ　売り手側の労働保険の手続き

ａ．労災保険

①　売り手側：個人または法人　買い手側：個人または別法人の場合

　　労災保険の適用が廃止されます。保険関係はその事業が廃止されたときに法律上当然に消滅するため、廃止届などの手続きは必要ありません。ただし、労働保険料の精算手続は必要なので事業の廃止後50日以内に確定保険料申告書の提出を行わなければいけません。

②　売り手側：法人　買い手側：法人ごと引継ぎの場合

　　労災保険は引き続き適用されるため、成立・廃止に伴う手続きは必要ありません。その代わりに代表者が変更されることになるため、買い手側が労働保険名称、所在地等変更届を変更から10日以内に提出することとなり、売り手側での手続きは必要ありません。

ｂ．雇用保険

①　売り手側：個人または法人　買い手側：個人または別法人の場合

　　雇用保険では事業を承継する場合、雇用保険の成立・廃止の手続きは必要なく事業主が変更されたということで新たな事業主が雇用保険事業主事業所各種変更届を提出することとなり、売り手側での手続きは特に必要ありません。

②　売り手側：法人　買い手側：法人ごと引継ぎの場合

　　雇用保険では、法人の代表者のみが変更の場合は、手続きは必要ありません。

カ　社会保険の手続き（健康保険・厚生年金保険の場合）

①　売り手側：個人または法人　買い手側：個人または別法人の場合

　　社会保険においては雇用主の変更は事業の廃止となるため、スタッフについては被保険者資格喪失届の提出が必要となります。この際に、健康保険被保険者証を回収しなければいけないので不備のないように注意してください。また、同時に適用事業所としては健康保険・厚生年金保

険適用事業所全喪届の提出が必要となります。どちらも事実のあった日から5日以内の提出となります。

②　売り手側：法人　買い手側：法人ごと引継ぎの場合

雇用主の変更はないため、成立・廃止の手続きは必要ありません。代表者の変更については買い手側が行うことが通例であり、その場合には売り手側での手続きは特にありません。

2　買い手側の承継前後の実務　買い手側

ア　新業務体制の整備に向けて

a．企業文化の融合

新体制として行う場合に考慮しなければいけないこととして「企業文化の違い」が挙げられます。「企業文化」というと、自院にはたいそうな企業文化と呼べるものはないと考えがちですが、簡単に言うとその医院での「ふつう」が企業文化と考えてください。医師によって診療スタイルも違えば処方方針も違う、それと同様に人事考課といったスタッフの評価方法、物品の購入ルール、残業の考え方等々、管理運営方法についても100の医療機関があれば100通りの考え方があります。これらの売り手側の企業文化をそのまま受け入れて運営していくこともその手法の1つではありますが、多くの場合は買い手側の文化に揃えていく作業が必要になります。

買い手側が法人であれば、マニュアルなど明文化されているものは共有し、承継する医療機関の実情に合わせて適宜修正して運用方法を決めていきます。また、買い手側が個人であって明文化されたものを持っていない場合は、売り手側の運用を見ながら適宜修正して、少しずつ明文化していくのがよいでしょう。

b．役職者・リーダーの派遣

企業文化の融合を考える際に重要な役割を担うのが、買い手側から派遣されてきたスタッフです。もちろん、小さなクリニックなどでは院長一人で事業を承継して運用していくことは十分できます。しかし、実際は診療時間中のほとんどは診療に従事していて、スタッフからの質問に答える時間もなければ、細かな指示を与える時間もありません。規模が大きくなればなるほど見えない部分が増えてくるので、買い手側から役職者やリーダーを派遣するとよいでしょう。

　買い手側から派遣される役職者やリーダーですが、最も重視すべきスキルはコミュニケーションスキルです。今回の目的は手技などの業務を教えるのではなく、企業文化の融合です。業務スキルの優劣ではなく、コミュニケーションスキルの優劣で人選を行うことで、企業文化の融合がスムーズに行われることになります。

ｃ．朝礼およびカンファレンス等会議体

　規模がそれほど大きくない病院やクリニックの場合、買い手側院長とスタッフがあらたまって話合いをする機会がほとんどない事例をよく見かけます。院長らが積極的に声がけすることで対応をされている例もありますが、１つのヒントとして朝礼や終礼をルーチンとして取り入れてみることを提案します。特に話すことがない場合は挨拶だけでもよいのです。当日あった疑問や問題点を共有する場があると日々の業務が格段に進めやすくなります。また、月に１回カンファレンスとして議論の場を設けることもお勧めします。朝礼や終礼は報告の場として、カンファレンスは議論の場として活用することで事業運営を円滑に進めることが可能となります。

イ　人事システムの統合

ａ．雇用契約の見直し

　事業承継を行う際に確認すべきこととして、雇用契約の見直しがあります。具体的には事業承継をする際に「雇用契約終了」とするのか、「継続雇用」とするのか、一旦雇用契約を打ち切って新たな経営者との「再

雇用」とするのかが挙げられます。

①　売り手側：個人または法人　買い手側：個人または別法人の場合

　この場合は、雇用主が変更になるので、雇用契約は原則引き継がれません。買い手側であらたに雇用する場合は、再雇用として新たな雇用契約を締結することになります。新たな雇用契約では従前の雇用契約に縛られることなく労使相互の同意のもと自由な変更も可能なため、従前の契約内容に比して不利益となる変更についても認められます。

　なお、売り手側との雇用契約が終了しますので、退職金が設定されている場合は規程などで確認することはもちろん、承継時の契約で退職金について清算をするのか原資ごと引き継ぐのかを決めなければいけません。

　また、中小企業退職金共済を利用している場合は「企業合併による契約継続申出書」によりそのまま引き継ぐことが可能です。

②　売り手側：法人　買い手側：法人ごと引継ぎの場合

　この場合は雇用主の変更がないため、雇用契約の変更の必要がありません。しかし、裏を返すと、賃金や就業時間等を変更しようとした場合にそれが不利益変更となる場合には容易に行うことができません。このような不利益変更を伴う場合、雇用契約書と同時に就業規則の変更も必要となり、その変更にはいくつかの要件をクリアしなければいけないため注意が必要です。

③　就業規則の不利益変更

　この不利益変更については、労働契約法9条で「使用者は、労働者と合意することなく、就業規則を変更することにより、労働者の不利益に労働契約の内容である労働条件を変更することはできない。」と定められており、労働者の合意なしには変更することができません。また一方で、同法は第10条で「使用者が就業規則の変更により労働条件を変更する場合において、変更後の就業規則を労働者に周知させ、かつ、就業規則の変更が、労働者の受ける不利益の程度、労働条件の変更の必要性、変更後の就業規則の内容の相当性、労働組合等との交渉の状況その他の

就業規則の変更に係る事情に照らして合理的なものであるときは、労働契約の内容である労働条件は、当該変更後の就業規則に定めるところによるものとする」と示しています。そしてここでいう「合理的なもの」については、裁判例により具体的に下記のように明示しています。

就業規則の変更に係る事情に照らして合理的なものの判断基準

1. 就業規則変更によって労働者が被る不利益の程度
2. 使用者側の変更の必要性の内容・程度
3. 変更後の就業規則の内容自体の相当性
4. 代償措置その他関連する労働条件の改善状況
5. 労働組合等との交渉の経緯
6. 他の労働組合やスタッフの対応
7. 同種事項におけるわが国社会における一般的状況等
これらを総合考慮して判断すべきである。

　なお、スタッフの合意があった場合でも、これら7つの要件に該当しない就業規則の変更は無効とされることもあるので注意が必要です。

④　人事考課制度の説明

　現在、多くの医療機関で何かしらの人事考課制度が導入されており、賞与や昇給の際の評価に用いられています。既存の人事考課制度を確認することも大事ですが、人事考課制度の根幹には医院の方針が多分に含まれているため、事業承継の際には新たに人事考課制度を構築することをお勧めします。

　人事考課制度はスタッフの行動がクリニックの進みたい方向や、院長が望む態度に即しているかを評価することになるため、そこには承継後にこのクリニックをどのようにしていきたいのかといった院長の意思を示すものになります。ですので、評価方法や基準についてはなるべく多くの時間を割いて十分に説明する必要があります。

　また、説明の時期ですが、人事考課を行う時期に突然発表するのではなく、評価する期間の初期に説明をして公平性を担保する必要があります。

ウ　その他規則の説明

　先の「企業文化の融合」でも説明したとおり、明文化されたマニュアルなどは共有して適宜修正を加えていくことが必要です。その中でも承継直後から共有しておきたいルールを抜粋して説明します。

ａ．決裁規程

　決裁規程は主に物品購入のルールを定めたものになります。診療材料や医薬品、消耗品の発注の流れを共有し、決裁者の権限を決定する必要があります。また、同時に在庫管理方法についても一度確認しておくことをお勧めします。

ｂ．タイムカード計算ルール

　就業時間の計算方法を定めた規則を確認しましょう。タイムカードの打刻場所が業務提供場所から離れている場合などを考慮して15分刻みや5分刻みなどのルールを設けている場合があると思いますが、まずは正確な就業時間を把握できるように努力し不必要に切り捨てることのないようにする必要があります。

　また、残業時間に関しては原則、所属長の指示のもとに残って労働した場合にのみ発生するものであるため、残業時間の計算方法にも注意が必要です。

　なお、労働基準法では1時間に満たない労働時間の端数処理について、1カ月を合計して1時間未満の端数が生じた場合に30分未満を切り捨て、30分以上を繰り上げることを認めています。それ以外の日々の端数処理は認められていませんので注意が必要です。

エ　入金口座の変更

　社会保険診療報酬支払基金や国民健康保険団体連合会からの診療報酬の入金口座の変更をする場合には、支払基金では診療報酬等振込銀行（口座）変更届、国保連では振込金融機関変更届の提出が必要になります。変更したい月の前月15日が期限となるため十分な余裕を持って提出す

るようにしましょう。

オ　取引業者との契約見直し

　取引業者について、既存の業者をそのまま利用しても問題はありませんが、支払い口座や代表者の名称変更などの手続き、医療機関開設届の再提出等は必要となりますので、その際に業者選定も含めて見直しを図ることをお勧めします。

カ　買い手側の労働保険の手続き

ａ．労災保険
①　売り手側：個人または法人　買い手側：個人の場合
　売り手側の労災保険の適用が廃止されます。そのため買い手側は事業を承継した場合、新たに労災保険関係を成立させなければいけません。事業開始後 10 日以内に保険関係成立届の提出が必要です。
②　売り手側：法人　買い手側：別法人の場合
　売り手側の労災保険の適用が廃止され、買い手側の継続事業に統合されることになります。買い手側では承継により賃金総額等の見込み額が増加し、その見込み額が増加前の賃金総額の見込み額の 100 分の 200 を超え、かつ、差額が 13 万円以上である場合は増加概算保険料を申告・納付しなければいけません。
③　売り手側：法人　買い手側：法人ごと引継ぎの場合
　労災保険は引き続き適用されるため、成立・廃止に伴う手続きは必要ありません。
　その代わりに代表者が変更されることになるため、労働保険名称、所在地等変更届を変更から 10 日以内に提出する必要があります。

ｂ．雇用保険
①　売り手側：個人または法人　買い手側：個人または別法人の場合
　雇用保険では事業を承継する場合、雇用保険の成立・廃止の手続きは必要なく事業主が変更されたということで買い手側が雇用保険事業主事

業所各種変更届を提出する必要があります。

② 売り手側：法人　買い手側：法人ごと引継ぎの場合

雇用保険では、法人の代表者のみが変更の場合は、手続きは必要ありません。

キ　社会保険の手続き（健康保険・厚生年金保険の場合）

① 売り手側：個人または法人　買い手側：個人の場合

新たな適用事業所となるため、新規適用届の提出が必要となります。また、スタッフについては資格取得届や被扶養者異動届等の提出が必要となります。どちらも事実のあった日から5日以内の提出となります。

② 売り手側：個人または法人　買い手側：別法人の場合

買い手側が既存の適用事業所である場合は、事業所についての届出は不要で、スタッフについての資格取得届や被扶養者異動届等の提出のみになります。

③ 売り手側：法人　買い手側：法人ごと引継ぎの場合

雇用主の変更はないため、成立・廃止の手続きは必要ありません。売り手側法人分の代表者の変更については健康保険・厚生年金保険事業所関係変更（訂正）届をすみやかに提出する必要があります。

第3章

第三者承継の類型

クリニックの開設主体

　承継の対象となるクリニックには、医師個人が都道府県知事に届け出て開設したものと、法人等医師以外の者が都道府県知事の許可を受けて開設したものがあります。ここでいう法人等とは、国または地方公共団体等を除くと原則として非営利法人であり社会福祉法人、独立行政法人、学校法人等も含まれますが、第三者承継の対象となり得るのは基本的に医療法人であることから、本書では個人と医療法人を対象とし、また医療法人には社団と財団が存在しますが、特に断りのない限り医療法人のうち99％以上を占める社団を前提に解説します。

　昭和22年に制定された医療法への条文追加により、昭和25年に成立した医療法人制度ですが、当初は「病院、<u>医師若しくは歯科医師が常時3名以上勤務する</u>診療所を開設しようとする社団又は財団は、この法律の規定により、これを法人とすることができる。」として、病院または病院に近い規模の有床診療所等を想定した制度でした。その後、昭和61年の第一次医療法改正で「医師若しくは歯科医師が常時<u>3名以上勤務する〜</u>」の下線部を削除することで小規模診療所にも法人化の道が開け、翌年以降に医療法人の数が急増しました。

　なお、その時点でのモデル定款上には「第9条 社員資格を喪失した者は、その出資額に応じて払戻しを請求することができる。」「第34条 本社団が解散した場合の残余財産は、払込済出資額に応じて分配するものとする。」という規定があり、ほとんどの医療法人がそのモデル定款に準拠していることから、「持分」の存在する医療法人として成立し、現在も経過措置適用を受け社団医療法人の約68％（令和3年3月31日現在）を占める存在として残っています。しかしその持分は、法人財産

に対しての退社時の払戻し請求権と解散時の残余財産分配請求権を持つという純然たる財産権であり、社員一人が1票を持つ社員総会での議決権とはまったく関係ないことに注意が必要です。

　その後、平成19年の第5次医療法改正で持分に関する概念は否定され、定款例からも削除されて以降は持分を持たない法人のみ設立可能となり、それ以前に設立された持分ある社団医療法人は持分に関する定款規定を削除することが原則とされながらも、経過措置として「当分の間」旧規定のままでも存続を認められることとなりました。

　医療法人社団の第三者承継に際しては、旧法法人の場合は持分と支配権のすべて、持分の概念を持たない新法法人の場合は支配権のすべてを譲渡する形となります。医療法人に関する知識を持たない仲介業者等が営利法人のものを流用して作成した旧法法人の譲渡の契約書には、持分譲渡契約書としてその持分のみを譲渡する契約書としてしまうことがありますが、前述のように持分は議決権とまったく無関係な財産権であり、持分のみの譲渡を受けた社員外の第三者は、法人解散時の残余財産分配請求権をもつのみとなります。法人の支配権を伴う譲渡契約とする場合には、財産権に加えて社員たる地位を含む支配権のすべてを譲渡する契約であることを明示することが必要となります。

　クリニックを持つ医療法人を譲渡する場合は、当然のことながら前理事長時代に発生した法人の対外的権利義務はすべて法人に残ったまま譲渡されることとなり、仮に前理事長時代に発生した債務等であっても第三者に対しては譲渡後の法人が債務を免れることはできません（第4章第7節「休眠医療法人買収ケース」参照）。
　また、承継後にクリニック所在地や名称の変更等、定款変更の認可を受ける場合には、それまでの法人運営に問題がないことが前提となり、問題があった場合にはそれらを解決してから申請することになります。

デューデリジェンスの段階では毎年の事業報告や登記、役員の改選は
もちろん、決算内容にも税法だけでなく、医療関連法規上の問題がない
ことを確認することが重要です。

　なお、法人ではなく個人が開設しているクリニックの譲渡に際しては、
事業譲渡契約に基づくものであっても売り手がクリニックを廃止したあ
とに、買い手が別のクリニックを開設することになります。当然、前開
設者（売り手）のクリニックで発生した権利義務は事業譲渡後であって
も前開設者が負うのが原則であり、仮に譲渡契約中で譲渡後の開設者（買
い手）に譲渡以前に発生した権利義務の全部を移転させると定めた場合
であっても、第三者に対する債務については債権者の同意なくして買い
手のみに負わせることはできないのが原則です。

種類別医療法人数の年次推移

年別	医療法人 総数	財団	社団 総数	社団 持分有	社団 持分無	一人医師医療法人(再掲)	特定医療法人(再掲) 総数	財団	社団	特別医療法人(再掲) 総数	財団	社団	社会医療法人(再掲) 総数	財団	社団
昭和45年	2,423	336	2,087	2,007	80		89	36	53						
50年	2,729	332	2,397	2,303	94		116	41	75						
55年	3,296	335	2,961	2,875	86		127	47	80						
56年	3,926	349	3,577	3,456	121		159	57	102						
61年	4,168	342	3,826	3,697	129	179	163	57	106						
62年	4,823	356	4,467	4,335	132	723	174	58	116						
63年	5,915	355	5,560	5,421	139	1,557	179	58	121						
平成元年	11,244	364	10,880	10,736	144	6,620	183	60	123						
2年	14,312	366	13,946	13,796	150	9,451	187	60	127						
3年	16,324	366	15,958	15,800	158	11,296	189	60	129						
4年	18,414	371	18,043	17,877	166	13,205	199	60	139						
5年	21,078	381	20,697	20,530	167	15,665	206	60	146						
6年	22,851	381	22,470	22,294	176	17,322	210	60	150						
7年	24,725	386	24,339	24,170	169	19,008	213	60	153						
8年	26,726	392	26,334	26,146	188	20,812	223	63	160						
9年	27,302	391	26,911	26,716	195	21,324	230	64	166						
10年	29,192	391	28,801	28,595	206	23,112	238	64	174						
11年	30,956	398	30,558	30,334	224	24,770	248	64	184	8	2	6			
12年	32,708	399	32,309	32,067	242	26,045	267	65	202	18	3	15			
13年	34,272	401	33,871	33,593	278	27,504	299	65	234	24	5	19			
14年	35,795	399	35,396	35,088	308	28,967	325	67	258	29	7	22			
15年	37,306	403	36,903	36,581	322	30,331	356	71	285	35	7	28			
16年	38,754	403	38,351	37,977	374	31,664	362	67	295	47	8	39			
17年	40,030	392	39,638	39,257	381	33,057	374	63	311	61	10	51			
18年	41,720	396	41,324	40,914	410	34,602	395	63	332	79	10	69			
19年	44,027	400	43,627	43,203	424	36,973	407	64	343	80	10	70			
20年	45,078	406	44,672	43,638	1,034	37,533	412	64	348	67	6	61			
21年	45,396	396	45,000	43,234	1,766	37,878	402	58	344	54	3	51	36	7	29
22年	45,989	393	45,596	42,902	2,694	38,231	382	51	331	45	2	43	85	13	72
23年	46,946	390	46,556	42,586	3,970	39,102	383	52	331	9	1	8	120	19	101
24年	47,825	391	47,434	42,245	5,189	39,947	375	49	326	0	0	0	162	28	134
25年	48,820	392	48,428	41,903	6,525	40,787	375	50	325	0	0	0	191	29	162
26年	49,889	391	49,498	41,476	8,022	41,659	375	46	329	0	0	0	215	34	181
27年	50,866	386	50,480	41,027	9,453	42,328	376	48	328	0	0	0	239	34	205
28年	51,958	381	51,577	40,601	10,976	43,237	369	49	320	0	0	0	262	34	228
29年	53,000	375	52,625	40,186	12,439	44,020	362	49	313	0	0	0	279	35	244
30年	53,944	369	53,575	39,716	13,859	44,847	358	47	311	0	0	0	291	34	257
31年	54,790	374	54,416	39,263	15,153	45,541	359	52	307	0	0	0	301	33	268
令和2年	55,674	370	55,304	38,721	16,583	46,251	343	51	292	0	0	0	317	34	283
令和3年	56,303	372	55,931	38,083	17,848	46,761	337	51	286	0	0	0	325	35	290

注1：平成8年までは年度末現在数。9年以降は3月31日現在数である。
注2：特別医療法人は、平成24年4月1日をもって経過措置期間が終了したため、平成24年4月1日以降の法人数は0となる。
資料：厚生労働省調べ

出典：「医療法人数の推移（令和3年3月31日現在）」（厚生労働省）

─ 第2節 ─
個人クリニックから個人への第三者承継

1 スキーム

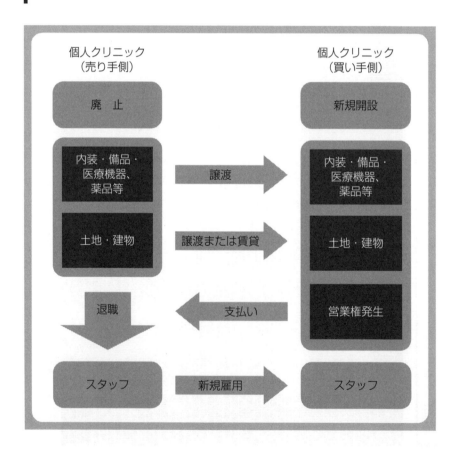

　個人開設のクリニックを開業希望のドクター個人が承継する場合など、「個人→個人」の承継は「事業譲渡」の形になります。

　事業譲渡とは、譲渡側が営んでいたクリニックを契約に基づき買い手側に受け継がせる行為をいいますが、個人クリニックは個人ドクターによる開設・管理となるため、管理者たるドクターが交代となる場合、当該クリニックは廃止、新たなクリニックの開設となります。

　つまり、個人クリニックを承継する場合、その権利義務は原則的に引き継がれず、資産・負債や権利等はそれぞれ個別に売買等を行い、また個々に契約引継ぎ等を行うことで初めて承継したドクターのクリニックに帰属することになります。

　単なる居抜き物件での開業と違い、新旧開設者間での契約による「事業譲渡」とすることにより、カルテや検査記録等の患者に関する情報、取引先やスタッフ等に関する個人情報を引き継ぐことが可能となります。

2　承継の進め方

ア　承継譲渡する資産・負債を特定

　ここでの売買の対象となる資産や債務は、次のようなものになります。

①　有形資産 ··· 内装、医療機器、器具備品、薬品在庫、
②　無形資産 ··· 名称、患者情報（カルテ等）、スタッフ等いわゆる営業権 　　　　　　　　　　　そのほかリース、テナント等の諸契約の引継ぎなど
③　債務 ··· 前開設者時代の債務は原則として引継ぎ対象外 　　　　　　　　（仕入業者等未払金、税金・社保預り金、リース残債など）
④　クリニック不動産 ··· 賃貸せず売却する場合

イ　譲渡価格の決定・合意

　譲渡価格は原則、任意で売り手側・買い手側で合意した金額となります。しかしながら多くの場合、クリニック承継の対価を上記アの①〜③ないし④の総額で合意し、その後①を簿価、④を取引相場等から算定して決定し、それらを総額から引いた残額を②の営業権の価格とします。

3　デューデリジェンス

　公法上の許認可そのものを前開設者から引き継ぐことはないので、理論的には前開設者の経営、運営につき特に問題とする必要はないことになります。

　ただし、承継後に買い手が「開設者の変更」を理由に保険医療機関として遡及指定を受けるうえで、売り手側の保険医療機関としての指定を受けている内容、その後の変更の届出等が完遂されていることの確認は必ず必要となります。

　また、買い手があらたにクリニックを開設して届け出、保険医療機関の指定申請をする際に必要となる、正確な平面図、敷地図、また建物の権利関係を示す書面（不動産登記事項証明書、賃貸借契約書）等の存在を確認し、賃貸借の場合は所有者が賃貸借契約の承継につき承諾してくれることまでを確認し、承継後の買い手が建物を使用する権限が担保されていることを確認しておく必要があります。

4　手続き

　買い手が承継後初日から保険診療を開始するためには、以下の手続き
を踏むのが通例です。

| ①　前開設者の廃止（月末日が通例）
| ②　翌日付（翌月初日が通例）での診療所開設届出／10日以内
| ③　保険医療機関指定申請（遡及扱いにて上記②の開設日付で指定）／地
| 　　方厚生局都道府県事務所が定める締切日まで

　③の遡及扱いは、本来であれば保険医療機関としての指定は、申請後
最初に来る社会保険医療協議会の審議を経て翌月１日の指定となるべき
ところ、開設者こそ変わるものの、同じ保険医が同じ場所で同じ患者を
継続して診療する「開設者の変更」として、例外的に開設日に遡って保
険医療機関として指定する手続きとなります。遡求の要件として地方厚
生局都道府県事務所ごとに少しずつ異なる要件が課されていますが、一
般的には前開設者（売り手）のもとで新開設者（買い手）が、または新
開設者（買い手）のもとで前開設者（売り手）が、一定期間の引継ぎを
兼ねた勤務をしていること、患者の同意を得てカルテ等の診療情報をそ
のまま引き継ぐ事業譲渡契約に基づく承継であること、診療所名称が同
一であること等、親子間承継と類似の関係にあることが要件とされてい
ます。

　なお、この遡及指定が求められない場合は原則に戻り、買い手側の保
険医療機関指定は早くても開設の翌月１日となり、医療機関でありなが
ら保険診療のできない期間が発生してしまうことになります。また、地
方厚生局への指定申請の際には保健所への診療所開設届出書の副本コ
ピー添付が要求されますので、遡及指定を目指して第三者承継をする場
合は、日程を含む保健所、地方厚生局との事前の調整が最大のポイント
になります。

5　人事労務

ア　労働保険の手続き

a．労災保険

①　売り手側

それまでの労災保険の適用が廃止されます。保険関係はその事業が廃止されたときに法律上当然に消滅するため、廃止届などの手続きは必要ありません。ただし、労働保険料の精算手続は必要となるので、事業の廃止後50日以内に「労働保険確定保険料申告書」の提出を行わなければなりません。

②　買い手側

売り手側の労災保険の適用が廃止されますので、買い手側は事業を承継した場合、新たに労災保険関係を成立させなければいけません。事業開始後10日以内に「労働保険保険関係成立届」の提出が必要です。

b．雇用保険

①　売り手側

売り手側での手続きは特に必要ありません。雇用保険では事業を承継する場合、雇用保険の成立・廃止の手続きをせずとも、新たな事業主が、事業主が変更された旨の「雇用保険事業主事業所各種変更届」を提出することで済みます。

②　買い手側

雇用保険では事業を承継する場合、雇用保険の成立・廃止の手続きは必要ありませんが、事業主が変更された旨の「雇用保険事業主事業所各種変更届」を買い手側が提出する必要があります。

雇用保険料については、承継後最初の年度更新の際に売り手、買い手の間で清算することになりますが、承継時に概算額を試算して、譲渡金

額とあわせて清算済としてしまうことも可能でしょう。

イ　社会保険の手続き（健康保険・厚生年金保険の場合）

①　売り手側

　社会保険においては雇用主の変更は事業の廃止となるため、従業員については「健康保険・厚生年金保険被保険者資格喪失届」の提出が必要となります。この際に、健康保険被保険者証を回収しなければいけないので、資格喪失した保険証が従業員の手元に残ることがないように注意してください。また、同時に適用事業所としては「健康保険・厚生年金保険適用事業所全喪届」の提出が必要となります。どちらも事実のあった日から5日以内の提出となります。

②　買い手側

　新たな適用事業所となるため、「健康保険・厚生年金保険新規適用届」の提出が必要となります。また従業員については「健康保険・厚生年金保険被保険者資格取得届」や「健康保険被扶養者（異動）届」等の提出が必要となります。どちらも事実のあった日から5日以内の提出となります。

6　税　　務

ア　売り手側の税務

①　内装、医療機器等の資産の譲渡は「総合課税の譲渡所得」となります。ただし、簿価で売買する場合、譲渡益は生じず譲渡所得課税はありません。

②　営業権の譲渡は「総合課税の譲渡所得」となります。

　　　総合長期譲渡所得（営業期間5年超の場合）

　　　　＝（譲渡価額－（取得費＋譲渡費用）－50万円）×1／2

上記所得が、給与・事業等の他の所得と合算されて課税されます。
③　クリニック不動産を譲渡した場合は「分離課税の譲渡所得」となります。

　　　分離長期譲渡所得（所有期間５年超の場合）
　　　＝　譲渡価額−（取得費＋譲渡費用）

　上記所得に対し、所得税および復興特別所得税・住民税合計で20.315％が、総合課税とは別計算で課税されます。

イ　買い手側の税務

　買い手側で契約時に生じる税金はありませんが、不動産の取得・保有に際して登録免許税、不動産取得税、固定資産税等が、内装や医療機器等については、取得価額を基に毎年償却資産税がかかってきます。

　また、内装や器具備品、建物等はそれぞれの改定耐用年数で減価償却、営業権は５年間で償却となります。

＜税務のポイント＞

　不動産の譲渡がある場合と営業権譲渡にかかる場合とで税金計算が違ってきます。

　売買が総額で合意されている場合などは、売買対象と金額の構成で売り手の税金、またその後の買い手側の税務処理も大きく変わってくることから、双方に実利のある形をお互いによく検討したうえで合意契約を進めることが殊に重要となります。ただし、取引相場から大きく乖離した金額構成とならないよう留意が必要です。

7　譲渡契約書

譲渡契約書のひな形を次ページに掲載します。

＜譲渡契約のポイント＞

前述のとおり、個人のクリニックを個人が承継するという場合、原則として契約関係や権利関係を引き継ぐものではないことに注意する必要があります。

そのため、どの契約関係を継続させるか、特に雇用契約については、慎重に規定する必要があります。もっともシンプルなのは、承継の際に、スタッフ全員に一旦退職してもらい、買い手側で雇用したいと考えるスタッフのみ交渉を行い、雇用契約を結ぶという形態でしょう。

事業譲渡契約書

　○○（以下、「売主」という）と○○（以下、「買主」という）は、以下の条項を内容とする事業譲渡契約（以下、「本契約」という）を締結する。

第1条（事業の譲渡）

　　売主は、売主の運営する○○クリニックの事業（以下、「本件事業」という）を、本契約に定めるところに従って、買主に譲渡し、買主はこれを譲り受ける（以下、「本件事業譲渡」という）。

第2条（事業譲渡の実行日）

　　本件事業譲渡の実行日（以下、「本件実行日」という）は、○年○月○日とする。ただし、売主および買主は、双方の合意によって、本件実行日を変更することができる。

第3条（譲渡資産等の範囲）

1　本件事業譲渡により売主から買主に譲渡される資産（以下、「本件譲渡資産」という）は、別紙1「譲渡資産目録」（以下、「譲渡資産目録」という）記載のとおりとする。

2　売主および買主は、本件事業譲渡によっても、本件事業にかかる現預金および売掛金、その他前項に記載する資産以外の資産は買主に承継されないことを相互に確認する。

3　売主および買主は、本件実行日において売主が負担する債務

について、本契約で特に定めるものを除き、買主が債務を一切承継しないことを相互に確認する。

4　本件事業譲渡により売主から買主に承継させる契約上の地位は、別紙2「契約一覧表」記載の契約（以下、「本件承継契約」という）のとおりとする。売主は、本件実行日までに、本件承継対象契約上の地位を売主から買主に移転するために必要な相手方当事者の承諾を得られるよう努力するものとし、買主は、売主から必要な協力を求められたときは、可能な限り協力するものとする。ただし、買主と本件承継契約の相手方当事者との間で新たな契約が締結される場合は、この限りでない。

5　前項の相手方当事者の承諾が本件実行日までに得られない場合、売主および買主の間で協議のうえ、本件実行日後に速やかに承諾が取れるよう協力するものとする。

第4条（事業譲渡代金）

1　本件事業の譲渡代金（以下、「本件譲渡代金」という）は、金〇〇円（消費税・地方消費税別）とする。

2　買主は、売主に対し、本件実行日に、第5条記載の本件譲渡資産の引渡と引換えに、本件譲渡代金ならびに消費税および地方消費税を、売主の指定する銀行口座に振り込む方法により支払う。振込手数料は買主の負担とする。

第5条（譲渡対象資産の引渡等）

1　売主は、買主に対し、前条に基づく本件譲渡代金の支払いと引換えに、本件譲渡資産を現状有姿にてそれぞれの所在場所において引き渡す。

2　本件譲渡資産の所有権および危険負担は、前項に定める引渡

が完了したときに、売主から買主に移転する。

第6条（公租公課等の取扱い）

1 本件実行日の属する年度における本件譲渡資産にかかる公租公課（固定資産税、都市計画税、償却資産税等）は、○○年1月1日を起算日として、本件実行日の前日までの分については売主が、本件実行日以降の分については買主が、それぞれ日割で按分したうえで負担する。

2 本件実行日の属する期間内の電気料金、ガス代、水道代、インターネット代、その他の継続的契約に基づく負担金についても前項と同様に取り扱うものとする。

第7条（競業避止義務）

売主は、本件事業の所在地から半径○km以内において、クリニックの開設等、本件事業と実質的に競合する事業を行わないものとする。

第8条（従業員等の処遇）

1 売主は、本件実行日の前日をもって、本件事業に従事する売主の全従業員（医師を含む）および全派遣社員（以下、「雇用対象従業員」という）を全員解雇する。買主は、本件実行日までに、雇用対象従業員に対し、原則として、本件実行日の前日時点の売主における雇用条件と同一の条件で、本件実行日からの雇用（ただし、本件事業譲渡が実行されることを条件とする）を申し込むものとする。ただし、雇用条件に関し、職分に比較して賃金が著しく高い者がいる場合にはこの限りでない。

2 売主が雇用対象従業員に対して負担する退職金を含むすべて

の債務については、本契約にて特に定めるものを除き、売主の費用と負担にて処理するものとし、買主はこれを承継しない。

3　売主は、雇用対象従業員から、本件実行日から買主において勤務することの承諾を取得するよう合理的な範囲で努力するものとし、その他の本条に基づく従業員の承継に関する細目については、売主買主間にて別途協議のうえこれを定めるものとする。

第9条（譲渡資産の管理義務）

売主は、本契約締結後、本件実行日まで善良な管理者の注意をもって、本件事業の執行をなし、かつ、本件譲渡資産の管理を行うものとし、重要な財産の処分、本件事業譲渡に影響を及ぼす事項（買主に不利となる重大な変更および処分を含み、常務に属する取引は除く）に関しては、予め買主に意見を聞き、売主買主協議のうえ実施するものとする。

第10条（売主の表明・保証）

売主は、本契約締結日から本件実行日までのすべての時点において、以下各号の表明・保証を行うものとする。

(1) 売主は、現在、本事業に必要な公官庁の許認可を有していること。

(2) 売主の直近事業年度に係る計算書類（以下、「本計算書類」という）は、日本において一般に公正妥当と認められる企業会計の基準に従って適切に作成されており、かつ、売主の財政状態ならびに本計算書類に係る期間の経営成績およびキャッシュフローの状況を重要な点において適正かつ正確に表示していること。

(3) 売主は、売主の知り得る限り、本件事業に関し、本計算書類またはそれらの注記に記載された債務および○○を除き、いかなる債務（隠れた債務、保証債務、偶発債務、および不法行為責任から生ずる債務を含む）をも負担していないこと。

(4) 本件事業に関し、売主は、納税申告書（修正申告を含む）および現在行っている税務上の処理等に必要な税務届出書、申請書等を、適切な税務当局に対しすべて適法かつ適時に提出していること。売主は、国または地方公共団体等に対して負担すべき公租公課等（法令等上要求される健康保険、厚生年金保険または国民健康保険、国民年金等の社会保険料および労災保険、雇用保険等の労働保険料を含むが、これらに限られない）の支払いをすべて支払期限までに行っており、一切滞納がないこと。売主と税務当局との間で、何ら紛争または見解の相違は生じておらず、またそのおそれもないこと。

(5) 本件事業に対する訴訟等は、○○を除き、係属しておらず、また売主の知り得る限り訴訟等が提起されるおそれもないこと。

(6) 売主が第三者に対して提起し現在係属中である訴訟等または提起を予定する訴訟等は○○を除き存在しないこと。

(7) 売主は、本件事業に関し、通常の業務過程において発生するクレーム等を除き、第三者よりクレーム等を受けておらず、また売主の知り得る限りそのおそれもないこと。

第11条（買主の義務の履行の前提条件）

本件事業譲渡における買主の義務の履行は、本件実行日において、以下の各条件のすべてが充足されていることを条件と

する。ただし、買主は、その任意の裁量により、以下の各条件のいずれをも放棄することができる。

(1)　前条に定める売主の表明および保証が重要な点において真実かつ正確であること。

(2)　売主が、本契約に基づき本件実行日までに履行または順守すべき事項を重要な点において履行または順守していること。

(3)　本件事業譲渡に関して、本件実行日までに必要となる許認可等が取得または履践され、かつ、司法・行政機関等により、本件事業譲渡の実行を妨げる措置がとられていないこと。

(4)　買主において、本件実行日以降に本件事業を遂行するために必要な許認可等を取得していること。

(5)　売主において、本件承継契約の各相手方から、本件承継契約にかかる契約上の地位を売主から買主に承継することおよび本件実行日以降も本件承継契約を従前どおりの条件で継続させることについての書面による承諾を取得していること。

(6)　売主において、雇用対象従業員のうち、本件実行日以降に買主が、本件事業を支障なく運営するために必要かつ十分と買主が合理的に判断するものから、買主への転籍に関する書面による同意を取得していること。

(7)　買主において、本件譲渡代金の支払いに必要な資金の調達が完了していること。

(8)　売主において、本件事業の財務状態、経営成績、キャッシュフロー、資産、負債もしくは将来の収益計画またはそれらの見通しに重大な悪影響を及ぼす可能性のある事由または事象が発生または判明しておらず、そのおそれ

もないこと。

第12条（秘密保持義務）

1 売主および買主は、本契約締結から◯年間、以下の各号に規定する情報を除き、本契約の締結の事実およびその内容、交渉の内容ならびに本件事業譲渡に関連して相手方から受領した一切の情報（以下、「秘密情報」という）について、厳に秘密を保持し、これを第三者に開示または漏洩してはならず、また、本契約の締結および履行以外の目的に利用してはならない。

   (1) 公知の情報、もしくは売主または買主の責めによらずに公知となった情報

   (2) 売主または買主が本件事業とは無関係に独自に開発した情報

   (3) 売主または買主が第三者から適法に入手した情報

2 前項にかかわらず、売主および買主は、本契約の締結および履行のために必要な範囲のみにおいて、役員および従業員、本契約に関して依頼する弁護士、公認会計士、税理士その他のアドバイザーに対して、秘密情報を開示することができる。ただし、少なくとも本条に定める秘密保持義務と同等の秘密保持義務を負担することを条件とする。

3 第1項にかかわらず、売主および買主は、相手方の書面による承諾がある場合、司法・行政機関等の判断等により適法に開示を求められた場合または法令等により当事者による開示が義務付けられる場合は、秘密情報を開示することができる。

第13条（解除）

売主または買主は、相手方に本契約上の重大な義務違反があり、そのために本件事業譲渡の実行が困難な場合で、その是

正を求める書面による通知後14日以内に当該重大な義務違反が是正されないときは、直ちに本契約を解除することができる。ただし、本件実行日後はこの限りでない。

第14条（売主による補償）

1　売主は、買主に対して、本契約に定める自らの表明保証の違反または本契約に基づく義務の違反に起因して買主が損害等（合理的な範囲の弁護士費用を含む）を被った場合、かかる損害等を賠償または補償する。

2　前項に定める賠償または補償は、本件実行日後〇年以内に、売主に対して書面により行わなければならない。

3　第1項に定める賠償または補償の額は、本件譲渡代金を上限とする。ただし、売主に故意または重過失がある場合はこの限りでない。

第15条（契約上の地位の移転、権利義務の譲渡の禁止）

売主および買主は、相手方の事前の書面による承諾なく、本契約の地位および権利義務の全部または一部を第三者に譲渡または移転させず、また、承継させてはならない。

第16条（反社会的勢力の排除）

売主および買主は、現在、暴力団、暴力団員、暴力団員でなくなった時から5年を経過しない者、暴力団準構成員、暴力団関係企業、総会屋等、社会運動等標ぼうゴロまたは特殊知能暴力集団等、その他これらに準ずる者（以下、「反社会的勢力」という）に該当しないこと、および次の各号のいずれにも該当しないことを表明し、かつ将来にわたっても該当しないことを確約する。

   (1) 反社会的勢力が経営を支配していると認められる関係を
　　　有すること。

   (2) 反社会的勢力が経営に実質的に関与していると認められ
　　　る関係を有すること。

   (3) 自己、自社もしくは第三者の不正の利益を図る目的また
　　　は第三者に損害を加える目的をもってするなど、不当に
　　　反社会的勢力を利用していると認められる関係を有する
　　　こと。

   (4) 反社会的勢力に対して資金等を提供し、または便宜を供
　　　与するなどの関与をしていると認められる関係を有する
　　　こと。

   (5) 役員または経営に実質的に関与している者が反社会的勢
　　　力と社会的に非難されるべき関係を有すること。

2 売主および買主は、自らまたは第三者を利用して次の各号の
　いずれにも該当する行為を行わないことを確約する。

   (1) 暴力的な要求行為

   (2) 法的な責任を超えた不当な要求行為

   (3) 取引に関して、脅迫的な言動をし、または暴力を用いる
　　　行為

   (4) 風説を流布し、偽計を用いまたは威力を用いて相手方当
　　　事者の信用を毀損し、または相手方当事者の業務を妨害
　　　する行為

   (5) その他前各号に準ずる行為

3 売主および買主は、自己の責めに帰すべき事由の有無を問わ
　ず、相手方が反社会的勢力もしくは第1項各号のいずれかに
　該当し、もしくは前項各号のいずれかに該当する行為をし、
　または第1項の規定にもとづく表明・確約に関して虚偽の申
　告をしたことが判明した場合には、相手方に対して何らの催

告をすることなく本契約を解除することができるものとする。

4　売主および買主は、前項により本契約を解除した場合には、相手方当事者に損害等が生じたとしてもこれを一切賠償する責任はないことを確認し、これを了承する。

第 17 条（合意管轄）

本契約に関して紛争が発生した場合には、○○地方裁判所を第一審の専属的合意管轄裁判所とする。

第 18 条（協議事項）

本契約に定めなき事項については、当事者間で誠意をもって協議し、解決するものとする。

　本契約締結の証として、本書を 2 通作成し、売主買主記名押印のうえ、各 1 通を保有する。

○○年○月○日

売主

買主

（別紙1）
譲渡資産目録

　不動産
　土地
　所　　在　　○○
　地　　番　　○○
　地　　目　　○○
　地　　積　　○○

　建物
　所　　在　　○○
　家屋番号　　○○
　種　　類　　○○
　構　　造　　○○
　床　面　積　　1階　○○平方メートル
　　　　　　　　2階　○○平方メートル

資産・備品
　売主が所有し、○○において実在し本件事業で使用している一切の資産・備品。主要な資産は以下のとおりである。

固定資産名称	取得日	耐用年数	簿価
医療機器備品			
○○	○	○	○
○○	○	○	○
車輌および運搬具			
○○	○	○	○

器具および備品			
○○	○	○	○
無形固定資産			
水道施設利用権	○	○	○
○○システム（ソフトウェア）	○	○	○

（別紙2）

契約一覧表

　本件事業に必要かつ現存する一切の契約。主要な契約は以下のとおり。

番号	取引先名	契約内容
1	○○	特定ガス大口供給受給契約
2	○○	施設の管理業務委託契約
3	○○	消防設備等点検委託契約
4	○○	一般用寝具賃貸借契約
5	○○	一般廃棄物収集・運搬委託、特別管理産業廃棄物処理委託
6	○○	エレベーター点検契約
7	○○	商品売買契約

個人クリニックから医療法人への第三者承継

1 スキーム

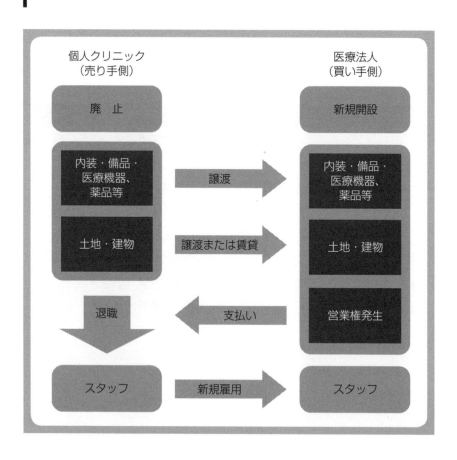

　個人開設のクリニックを医療法人が承継する場合など、「個人→法人」の承継は本章第2節「個人クリニックから個人への第三者承継」と同様に「事業譲渡」の形になります。

　個人クリニックを承継する場合、その権利義務は原則的に引き継がれず、資産・負債や権利等はそれぞれ個別に売買等を行い、また、個々に契約引継等を行うことで初めて承継した医療法人に帰属することになります。

　個人から個人の場合と異なるのは、買い手側が医療法人のため、定款変更の認可が必要となり、その手続きにもっとも時間を要する点です。

2　デューデリジェンス

　公法上の許認可そのものを売り手（前開設者）から引き継ぐことはないので、基本的には売り手側の経営、運営につき特に問題とする必要はありません。

　ただし、承継後に買い手が「開設者の変更」を理由に保険医療機関として遡及指定を受けるうえで、売り手側の保険医療機関としての指定を受けている内容、その後の変更の届出等が完遂されていることの確認は必ず必要となります。

　また、買い手が法人の定款変更認可を受け、診療所開設申請、開設届出、保険医療機関指定申請をするうえで、正確な平面図、敷地図、また建物の権利関係を示す書面（不動産登記事項証明書、賃貸借契約書）等の存在を確認し、賃貸借の場合は所有者が賃貸借契約の承継につき承諾してくれることまでを確認し、買い手の建物を使用する権限が確実であることを確認しておく必要があります。

3　手続き

　買い手が承継後初日から保険診療を開始するためには、以下の手続き
を踏むのが通例です。

> ①　買い手側法人の定款変更認可（事前審査〜本申請〜認可／３〜４カ月
> 　　を要する）
> ②　買い手側法人の目的等変更登記
> ③　買い手側法人での診療所開設許可申請
> ④　前開設者の廃止（月末日が通例）
> ⑤　翌日付（翌月初日が通例）での診療所開設届出／10日以内
> ⑥　保険医療機関指定申請（遡及扱いにて上記⑤の開設日付で指定）／地
> 　　方厚生局都道府県事務所が定める締切日まで

　この一連の手続きで最も期間を要するのが、①の定款変更認可です。
定款変更認可に際しては、認可申請書に定款変更後２年間の事業計画書、
予算書、管理者の医師免許証、履歴書、印鑑証明書、管理者および理事
への就任承諾書、法人概要、事業譲渡を受けてクリニックを新設し、そ
れに伴って定款を変更する旨を決議した社員総会議事録、事業計画や予
算の前提となる事業譲渡契約書、法人登記事項証明書、直近の事業報告
書、決算書、勘定科目内訳書等を添付し、所管庁の事前審査を受けて修
正、差換え等を済ませたうえで本申請となります。すべての添付書類を
揃えた申請書案を所管庁に預けて事前審査を開始するところから、最終
的に認可書を受領するところまで少なくとも３カ月、その後に目的等の
変更登記を経て所轄保健所から診療所開設許可を受けるまでに約１カ月
程度の期間を予定する必要があります。

　なお、定款変更認可申請の前提として、法人の毎年の都道府県知事宛
の事業報告や役員の改選手続、資産総額や理事長の変更（重任）登記等
を完遂していることに加え、通常の事業報告時には発覚しない不適切な

経理処理（車両、役員住宅等の配当類似行為、正規の手続きを踏まない役員との金銭の貸借等）がないことが求められます。

　譲渡対象のデューデリジェンスのみでなく、買い手側に問題がないかについても契約締結前に売り手側が専門職に依頼して、法人が譲渡を受けたクリニックを予定どおり開設できる状況であることにつき、正確に調査しておくことをお勧めします。

　その他の手続きのポイントは、本章第2節（個人クリニックから個人への第三者承継）の手続きと共通ですので、そちらを参照してください。

4　人事労務

ア　労働保険の手続き

a．労災保険

①　売り手側

　労災保険の適用が廃止されます。保険関係はその事業が廃止されたときに法律上当然に消滅するため、廃止届などの手続きは必要ありません。ただし、労働保険料の精算手続は必要となるので、事業の廃止後50日以内に「労働保険確定保険料申告書」の提出を行わなければいけません。

②　買い手側

　売り手側の労災保険の適用が廃止され、買い手側の継続事業に統合されることになります。買い手側では承継により賃金総額等の見込み額が増加し、その見込み額が増加前の賃金総額の見込み額の100分の200を超え、かつ、差額が13万円以上である場合は増加概算保険料を申告・納付しなければいけません。

b．雇用保険

①　売り手側

　売り手側での手続きは特に必要ありません。雇用保険では事業を承継

する場合、雇用保険の成立・廃止の手続きをせずとも、新たな事業主が、事業主が変更された旨の「雇用保険事業主事業所各種変更届」を提出することで済みます。

② 買い手側

雇用保険では事業を承継する場合、雇用保険の成立・廃止の手続きは必要ありませんが、事業主が変更された旨の「雇用保険事業主事業所各種変更届」を買い手側が提出する必要があります。

イ 社会保険の手続き（健康保険・厚生年金保険の場合）

① 売り手側

社会保険においては雇用主の変更は事業の廃止となるため、従業員については「健康保険・厚生年金保険被保険者資格喪失届」の提出が必要となります。この際に、健康保険被保険者証を回収しなければいけないので資格喪失後の健康保険証が従業員の手元に残ることがないように注意してください。また、同時に適用事業所としては「健康保険・厚生年金保険適用事業所全喪届」の提出が必要となります。どちらも事実のあった日から５日以内の提出となります。

② 買い手側

買い手側が既存の適用事業所である場合は、事業所についての届け出は不要で、従業員についての「健康保険・厚生年金保険被保険者資格取得届」や「健康保険被扶養者（異動）届」等の提出のみになります。

5 税 務

ア 売り手側の税務

個人である売り手側にかかる税金は、本章第２節の「個人クリニックから個人への第三者承継」の場合と基本的に同様となります。

①　内装、医療機器等の資産の譲渡は「総合課税の譲渡所得」となります。簿価で売買する場合、譲渡益は生じないため譲渡所得課税はありません。

②　営業権の譲渡は「総合課税の譲渡所得」となります。

　　　総合長期譲渡所得（営業期間5年超の場合）

　　　＝（譲渡価額－（取得費＋譲渡費用）－50万円）×1/2

　　上記所得が給与・事業等の他の所得と合算されて課税されます。

③　クリニック不動産を譲渡した場合は「分離課税の譲渡所得」となります。

　　　分離長期譲渡所得（所有期間5年超の場合）

　　　＝　譲渡価額－（取得費＋譲渡費用）

　　上記譲渡所得に対し所得税および復興特別所得税・住民税合計で20.315％が、総合課税とは別計算で課税されます。

イ　買い手側の税務

　こちらも第2節と同様、買い手側で契約時に生じる税金はありません。不動産の取得・保有に際して登録免許税、不動産取得税、固定資産税等が、内装や医療機器等に関しては、取得価額を基に毎年償却資産税がかかってきます。

　また、内装や器具備品、建物等はそれぞれの改定耐用年数で減価償却、営業権は5年間で償却となります。

<税務のポイント>

　不動産の譲渡がある場合、買い手側の法人では基本的に時価による取引が基本となります。

　ただ、売買が総額で合意されている場合には、売買対象と金額の構成でその後の税務的な効果が変わることから、事前の検討と合意がやはり重要となります。

6　譲渡契約書

　譲渡契約書のひな形を次ページに掲載します。

＜譲渡契約のポイント＞

　基本的には個人のクリニックを個人が承継する場合と同じです。原則、契約関係を引き継ぐことはない点に注意しましょう。

　売主側からすると、買主側が適法な医療法人であり、きちんと承継を受けることができる法人であるという点について、確約をとっておくことが必要でしょう。具体的には、表明保証の条項により対処することになります。

事業譲渡契約書（例）

事業譲渡契約書

　○○（以下、「売主」という）と○○（以下、「買主」という）は、以下の条項を内容とする事業譲渡契約（以下、「本契約」という）を締結する。

第1条（事業の譲渡）

　　売主は、売主の運営する○○クリニックの事業（以下、「本件事業」という）を、本契約に定めるところに従って、買主に譲渡し、買主はこれを譲り受ける（以下、「本件事業譲渡」という）。

第2条（事業譲渡の実行日）

　　本件事業譲渡の実行日（以下、「本件実行日」という）は、○年○月○日とする。ただし、売主および買主は、双方の合意によって、本件実行日を変更することができる。

第3条（譲渡資産等の範囲）

1　本件事業譲渡により売主から買主に譲渡される資産（以下、「本件譲渡資産」という）は、別紙1「譲渡資産目録」（以下、「譲渡資産目録」という）記載のとおりとする。

2　売主および買主は、本件事業譲渡によっても、本件事業にかかる現預金および売掛金、その他前項に記載する資産以外の資産は買主に承継されないことを相互に確認する。

3　売主および買主は、本件実行日において売主が負担する債務

について、本契約で特に定めるものを除き、買主が債務を一切承継しないことを相互に確認する。

4　本件事業譲渡により売主から買主に承継させる契約上の地位は、別紙2「契約一覧表」記載の契約（以下、「本件承継契約」という）のとおりとする。売主は、本件実行日までに、本件承継対象契約上の地位を売主から買主に移転するために必要な相手方当事者の承諾を得られるよう努力するものとし、買主は、売主から必要な協力を求められたときは、可能な限り協力するものとする。ただし、買主と本件承継契約の相手方当事者との間で新たな契約が締結される場合は、この限りでない。

5　前項の相手方当事者の承諾が本件実行日までに得られない場合、売主および買主の間で協議のうえ、本件実行日後に速やかに承諾が取れるよう協力するものとする。

第4条（事業譲渡代金）

1　本件事業の譲渡代金（以下、「本件譲渡代金」という）は、金○○円（消費税・地方消費税別）とする。

2　買主は、売主に対し、本件実行日に、第5条記載の本件譲渡資産の引渡と引換えに、本件譲渡代金ならびに消費税および地方消費税を、売主の指定する銀行口座に振り込む方法により支払う。振込手数料は買主の負担とする。

第5条（譲渡対象資産の引渡等）

1　売主は、買主に対し、前条に基づく本件譲渡代金の支払いと引換えに、本件譲渡資産を現状有姿にてそれぞれの所在場所において引き渡す。

2　本件譲渡資産の所有権および危険負担は、前項に定める引渡

が完了したときに、売主から買主に移転する。

第6条（公租公課等の取扱い）

1　本件実行日の属する年度における本件譲渡資産にかかる公租
　公課（固定資産税、都市計画税、償却資産税等）は、○○年
　1月1日を起算日として、本件実行日の前日までの分につい
　ては売主が、本件実行日以降の分については買主が、それぞ
　れ日割で按分したうえで負担する。

2　本件実行日の属する期間内の電気料金、ガス代、水道代、イ
　ンターネット代、その他の継続的契約に基づく負担金につい
　ても前項と同様に取り扱うものとする。

第7条（競業避止義務）

　売主は、本件事業の所在地から半径○km以内において、ク
リニックの開設等、本件事業と実質的に競合する事業を行わ
ないものとする。

第8条（従業員等の処遇）

1　売主は、本件実行日の前日をもって、本件事業に従事する売
　主の全従業員（医師を含む）および全派遣社員（以下、「雇
　用対象従業員」という）を全員解雇する。買主は、本件実行
　日までに、雇用対象従業員に対し、原則として、本件実行日
　の前日時点の売主における雇用条件と同一の条件で、本件実
　行日からの雇用（ただし、本件事業譲渡が実行されることを
　条件とする。）を申し込むものとする。ただし、雇用条件に
　関し、職分に比較して賃金が著しく高い者がいる場合にはこ
　の限りでない。

2　売主が雇用対象従業員に対して負担する退職金を含むすべて

の債務については、本契約にて特に定めるものを除き、売主の費用と負担にて処理するものとし、買主はこれを承継しない。

3　売主は、雇用対象従業員から、本件実行日から買主において勤務することの承諾を取得するよう合理的な範囲で努力するものとし、その他の本条に基づく従業員の承継に関する細目については、売主買主間にて別途協議のうえこれを定めるものとする。

第9条（譲渡資産の管理義務）

売主は、本契約締結後、本件実行日まで善良な管理者の注意をもって、本件事業の執行をなし、かつ、本件譲渡資産の管理を行うものとし、重要な財産の処分、本件事業譲渡に影響を及ぼす事項（買主に不利となる重大な変更および処分を含み、常務に属する取引は除く）に関しては、予め買主に意見を聞き、売主買主協議の上実施するものとする。

第10条（売主の表明・保証）

売主は、本契約締結日から本件実行日までのすべての時点において、以下各号の表明・保証を行うものとする。

⑴　売主は、現在、本事業に必要な公官庁の許認可を有していること。

⑵　売主の直近事業年度に係る計算書類（以下、「本計算書類」という）は、日本において一般に公正妥当と認められる企業会計の基準に従って適切に作成されており、かつ、売主の財政状態ならびに本計算書類に係る期間の経営成績およびキャッシュフローの状況を重要な点において適正かつ正確に表示していること。

(3) 売主は、売主の知り得る限り、本件事業に関し、本計算書類またはそれらの注記に記載された債務および○○を除き、いかなる債務（隠れた債務、保証債務、偶発債務、および不法行為責任から生ずる債務を含む）をも負担していないこと。

(4) 本件事業に関し、売主は、納税申告書（修正申告を含む）および現在行っている税務上の処理等に必要な税務届出書、申請書等を、適切な税務当局に対しすべて適法かつ適時に提出していること。売主は、国または地方公共団体等に対して負担すべき公租公課等（法令等上要求される健康保険、厚生年金保険または国民健康保険、国民年金等の社会保険料および労災保険、雇用保険等の労働保険料を含むが、これらに限られない）の支払いをすべて支払期限までに行っており、一切滞納がないこと。売主と税務当局との間で、何ら紛争または見解の相違は生じておらず、またそのおそれもないこと。

(5) 本件事業に対する訴訟等は、○○を除き、係属しておらず、また売主の知り得る限り訴訟等が提起されるおそれもないこと。

(6) 売主が第三者に対して提起し現在係属中である訴訟等または提起を予定する訴訟等は○○を除き存在しないこと。

(7) 売主は、本件事業に関し、通常の業務過程において発生するクレーム等を除き、第三者よりクレーム等を受けておらず、また売主の知り得る限りそのおそれもないこと。

第11条（買主の表明・保証）

1　買主は、本契約締結日から本件実行日までのすべての時点において、以下各号の表明・保証を行うものとする。

(1) 買主は、適法に設立され、有効に存在し、その事業を遂行するために必要な権利能力を有している医療法人であること。

(2) 買主による本契約の締結および履行は買主の権利能力の範囲内の行為であり、本契約の締結および履行につき、法令、定款その他法人内の規則上必要とされる手続きを履践していること。

第12条（売主の義務の履行の前提条件）

本件事業譲渡における売主の義務の履行は、本件実行日において、以下の各条件のすべてが充足されていることを条件とする。ただし、売主は、その任意の裁量により、以下の各条件のいずれをも放棄することができる。

(1) 前条に定める買主の表明および保証が重要な点において真実かつ正確であること。

(2) 買主が、本契約に基づき本件実行日までに履行または順守すべき事項を重要な点において履行または順守していること。

(3) 本件事業譲渡に関して、本件実行日までに必要となる許認可等が取得または履践され、かつ、司法・行政機関等により、本件事業譲渡の実行を妨げる措置がとられていないこと。

第13条（買主の義務の履行の前提条件）

本件事業譲渡における買主の義務の履行は、本件実行日において、以下の各条件のすべてが充足されていることを条件とする。ただし、買主は、その任意の裁量により、以下の各条件のいずれをも放棄することができる。

(1)　前条に定める売主の表明および保証が重要な点において真実かつ正確であること。

(2)　売主が、本契約に基づき本件実行日までに履行または順守すべき事項を重要な点において履行または順守していること。

(3)　本件事業譲渡に関して、本件実行日までに必要となる許認可等が取得または履践され、かつ、司法・行政機関等により、本件事業譲渡の実行を妨げる措置がとられていないこと。

(4)　買主において、本件実行日以降に本件事業を遂行するために必要な許認可等を取得していること。

(5)　売主において、本件承継契約の各相手方から、本件承継契約にかかる契約上の地位を売主から買主に承継することおよび本件実行日以降も本件承継契約を従前どおりの条件で継続させることについての書面による承諾を取得していること。

(6)　売主において、雇用対象従業員のうち、本件実行日以降に買主が、本件事業を支障なく運営するために必要かつ十分と買主が合理的に判断するものから、買主への転籍に関する書面による同意を取得していること。

(7)　買主において、本件譲渡代金の支払いに必要な資金の調達が完了していること。

(8)　売主において、本件事業の財務状態、経営成績、キャッシュフロー、資産、負債もしくは将来の収益計画またはそれらの見通しに重大な悪影響を及ぼす可能性のある事由または事象が発生または判明しておらず、そのおそれもないこと。

第14条（秘密保持義務）

1 売主および買主は、本契約締結から○年間、以下の各号に規定する情報を除き、本契約の締結の事実およびその内容、交渉の内容ならびに本件事業譲渡に関連して相手方から受領した一切の情報（以下、「秘密情報」という）について、厳に秘密を保持し、これを第三者に開示または漏洩してはならず、また、本契約の締結および履行以外の目的に利用してはならない。

   ⑴ 公知の情報、もしくは売主または買主の責めによらずに公知となった情報

   ⑵ 売主または買主が本件事業とは無関係に独自に開発した情報

   ⑶ 売主または買主が第三者から適法に入手した情報

2 前項にかかわらず、売主および買主は、本契約の締結および履行のために必要な範囲のみにおいて、役員および従業員、本契約に関して依頼する弁護士、公認会計士、税理士その他のアドバイザーに対して、秘密情報を開示することができる。ただし、少なくとも本条に定める秘密保持義務と同等の秘密保持義務を負担することを条件とする。

3 第1項にかかわらず、売主および買主は、相手方の書面による承諾がある場合、司法・行政機関等の判断等により適法に開示を求められた場合または法令等により当事者による開示が義務付けられる場合は、秘密情報を開示することができる。

第15条（解除）

売主または買主は、相手方に本契約上の重大な義務違反があり、そのために本件事業譲渡の実行が困難な場合で、その是正を求める書面による通知後14日以内に当該重大な義務違

反が是正されないときは、直ちに本契約を解除することができる。ただし、本件実行日後はこの限りでない。

第16条（売主による補償）

1　売主は、買主に対して、本契約に定める自らの表明保証の違反または本契約に基づく義務の違反に起因して買主が損害等（合理的な範囲の弁護士費用を含む）を被った場合、かかる損害等を賠償または補償する。

2　前項に定める賠償または補償は、本件実行日後○年以内に、売主に対して書面により行わなければならない。

3　第1項に定める賠償または補償の額は、本件譲渡代金を上限とする。ただし、売主に故意または重過失がある場合はこの限りでない。

第17条（契約上の地位の移転、権利義務の譲渡の禁止）

売主および買主は、相手方の事前の書面による承諾なく、本契約の地位および権利義務の全部または一部を第三者に譲渡または移転させず、また、承継させてはならない。

第18条（反社会的勢力の排除）

1　売主および買主は、現在、暴力団、暴力団員、暴力団員でなくなった時から5年を経過しない者、暴力団準構成員、暴力団関係企業、総会屋等、社会運動等標ぼうゴロまたは特殊知能暴力集団等、その他これらに準ずる者（以下、「反社会的勢力」という）に該当しないこと、および次の各号のいずれにも該当しないことを表明し、かつ将来にわたっても該当しないことを確約する。

⑴　反社会的勢力が経営を支配していると認められる関係を

有すること。

(2) 反社会的勢力が経営に実質的に関与していると認められる関係を有すること。

(3) 自己、自社もしくは第三者の不正の利益を図る目的または第三者に損害を加える目的をもってするなど、不当に反社会的勢力を利用していると認められる関係を有すること。

(4) 反社会的勢力に対して資金等を提供し、または便宜を供与するなどの関与をしていると認められる関係を有すること。

(5) 役員または経営に実質的に関与している者が反社会的勢力と社会的に非難されるべき関係を有すること。

2　売主および買主は、自らまたは第三者を利用して次の各号のいずれにも該当する行為を行わないことを確約する。

(1) 暴力的な要求行為

(2) 法的な責任を超えた不当な要求行為

(3) 取引に関して、脅迫的な言動をし、または暴力を用いる行為

(4) 風説を流布し、偽計を用いまたは威力を用いて相手方当事者の信用を毀損し、または相手方当事者の業務を妨害する行為

(5) その他前各号に準ずる行為

3　売主および買主は、自己の責めに帰すべき事由の有無を問わず、相手方が反社会的勢力もしくは第1項各号のいずれかに該当し、もしくは前項各号のいずれかに該当する行為をし、または第1項の規定にもとづく表明・確約に関して虚偽の申告をしたことが判明した場合には、相手方に対して何らの催告をすることなく本契約を解除することができるものとする。

4　売主および買主は、前項により本契約を解除した場合には、相手方当事者に損害等が生じたとしてもこれを一切賠償する責任はないことを確認し、これを了承する。

第19条（合意管轄）

本契約に関して紛争が発生した場合には、○○地方裁判所を第一審の専属的合意管轄裁判所とする。

第20条（協議事項）

本契約に定めなき事項については、当事者間で誠意をもって協議し、解決するものとする。

本契約締結の証として、本書を2通作成し、売主買主記名押印のうえ、各1通を保有する。

○○年○月○日

売主

買主

（別紙1）

譲渡資産目録

不動産

土地

所　　在　　○○

地　　番　　○○

地　　目　　○○

地　　積　　○○

建物

所　　在　　○○

家屋番号　　○○

種　　類　　○○

構　　造　　○○

床 面 積　　1階　○○平方メートル

　　　　　　2階　○○平方メートル

資産・備品

　売主が所有し、○○において実在し本件事業で使用している一切の資産・備品。主要な資産は以下のとおりである。

固定資産名称	取得日	耐用年数	簿価
医療機器備品			
○○	○	○	○
○○	○	○	○
車輌および運搬具			
○○	○	○	○

器具および備品			
○○	○	○	○
無形固定資産			
水道施設利用権	○	○	○
○○システム（ソフトウェア）	○	○	○

（別紙2）

契約一覧表

　本件事業に必要かつ現存する一切の契約。主要な契約は以下のとおり。

番号	取引先名	契約内容
1	○○	特定ガス大口供給受給契約
2	○○	施設の管理業務委託契約
3	○○	消防設備等点検委託契約
4	○○	一般用寝具賃貸借契約
5	○○	一般廃棄物収集・運搬委託、特別管理産業廃棄物処理委託
6	○○	エレベーター点検契約
7	○○	商品売買契約

医療法人から個人への第三者承継（法人格ごと）

1 スキーム

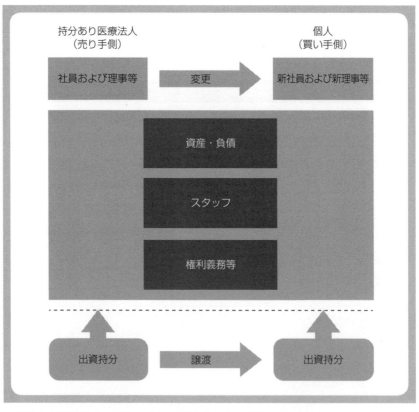

※持分あり医療法人の場合は点線下部出資持分の譲渡も行います。

　医療法人から個人への承継の場合、ガバナンスという意味では出資持分のある医療法人の場合は、前オーナーから出資持分を新オーナーが買い取り、新オーナーの親族等に社員や理事を半分以上入れ替えることで支配権が確立され、出資持分がない医療法人の場合は、社員や理事を新旧で入れ替えることで支配権は移行します。

　医療法人を主体として考えた場合、出資者や社員・理事が変更されただけであり、医療法人の所有する資産・負債やスタッフ、権利義務等もすべてそのままであり何ら変わりません。

　よって、その医療法人の権利や負うべきリスクは、そのまま新体制での経営陣に引き継がれていくので、各種デューデリジェンスが非常に重要となります。

2　デューデリジェンス

　対象法人が持っている権利義務のすべてを引き継ぐことになりますので、法人とクリニックにつき、それぞれ違法または不適切な事実がないか財務・労務・法務のすべてを徹底的に確認します。

　具体的な確認項目は、182ページのとおりです。

3　手続き

　法人とクリニックは基本的に何も変わらず、法人の社員や役員、クリニック管理者の交代により経営権、支配権が移管されることになります。また、持分あり法人の場合、同時に出資持分の譲渡も行われます。

ア　法　人

a．社員

　引渡に際し、法人の最高意思決定機関である社員総会を構成する社員を売り手側から買い手側に有効に入れ替えることが、買い手側としては最大の「権利保全」となります。

　手順としては、売り手側で有効な招集決議を経て社員総会を開催し、定款規定に則って買い手側で入社を希望する社員の入社を認める決議をします。この際には、譲渡契約上の引渡日を入社日とするものでも構いません。また、売り手側社員については、引渡日をもって退社することとして退社届を事前に準備しておき、引渡日に買い手に引き渡すことで退社の事実を明確にする、といった手順をとることが通例です。

b．役員

　引渡日に社員が有効に買い手側に入れ替わっていれば、最低限の買い手側の権利保全は可能ですが、外部に公示して承継の事実を明確にする意味も含め、同日付で理事長を含む全役員が交代して直ちに都道府県への届出を済ませ、理事長については直ちに変更登記を申請することが通例です。

　手順としては、引渡前に売り手側役員の全員から引渡日をもって役員の職を辞する旨の辞任届をとりまとめ、引渡時に買い手に書面を引き渡します。買い手は引渡を受けて社員が交代した時点で直ちに社員総会を開催し、売り手側役員から辞任届が出ていることを受けて新役員を選任し、その後の理事会で理事長を選任、登記申請することになります。

　なお、引渡日の前日または当日引渡前に法人の登記を確認し、他の登記申請がされておらず、買い手側の理事長への変更登記が可能であることを確認したうえで引渡にかかることをお勧めします。

　監事については、理事会での議決権を持たない監査機関であるため、場合によっては売り手側の監事が留任することもあり得ますが、買い手側からするとまったく面識のない他人が監査をすることになりますの

で、適任者が見つからない等の事情がない限りはこの機会に交代させて
おくことをお勧めします。

　実務上は、事前に売り手側で準備してあった辞任に関する書面を買い
手に引き渡し、買い手は就任者の印鑑証明書、履歴書、医師免許証写等
を事前に準備しておくことで、引渡後ただちに都道府県への役員変更の
届出、法務局への登記申請を行うのが通例です。

イ　クリニック

a．管理者

　売り手側管理者（法人理事または理事長）につき、引渡し日をもって
辞任する旨の辞任届を事前に準備し、引渡時に他の書類や法人代表印章
等とあわせて買い手に引き渡します。

　買い手は、引渡後ただちに開催される社員総会で前管理者の辞任に
伴って新管理者を選任し、新管理者の医師免許証写、履歴書、保険医登
録証等を添付して所轄保健所、地方厚生局に届出を提出します。また、
生活保護法、労働者災害補償保険法、障害者の日常生活及び社会生活を
総合的に支援するための法律（障害者総合支援法）、原子爆弾被爆者に
対する援護に関する法律（被爆者援護法）等の公費医療機関として指定
を受けている場合は、それぞれ変更事項の届出を要する場合があります。
これらは自治体によりそれぞれ扱いが異なりますので、届出義務の有無、
届出事項につき1つずつ確認しながら進める必要があります。

b．その他

　開設者である法人に変更はないものの、開設許可を受けている法人の
代表者が変更になっている旨、所轄保健所に届出が必要となります。

　譲渡に際してクリニックの名称を変更する場合は、社員総会の決議を
経たうえで定款変更認可申請、目的等変更登記の手続きをし、その後、
保健所、地方厚生局に変更の旨を届け出ます。その際には併せて看板や
印刷物等を一斉に変更します。

4　人事労務

ア　労働保険の手続き

a. 労災保険

①　売り手側

売り手側での手続きは必要ありません。労災保険は引き続き適用されるため、成立・廃止に伴う手続きは必要なく、その代わりに代表者が変更されることになる旨の「労働保険名称、所在地等変更届」を、変更から10日以内に、買い手側が提出することとなります。

②　買い手側

労災保険は引き続き適用されるため、成立・廃止に伴う手続きは必要ありません。その代わりに代表者が変更されることになる旨の「労働保険名称、所在地等変更届」を、変更から10日以内に提出する必要があります。

b. 雇用保険

①　売り手側

法人の代表者のみが変更の場合は、手続きは必要ありません。

②　買い手側

法人の代表者のみが変更の場合は、手続きは必要ありません。

イ　社会保険の手続き（健康保険・厚生年金保険の場合）

①　売り手側

雇用主の変更はないため、成立・廃止の手続きは必要ありません。代表者の変更については買い手側が行うため売り手側での手続きは特にありません。

②　買い手側

雇用主の変更はないため、成立・廃止の手続きは必要ありません。代表者の変更については「健康保険・厚生年金保険事業所関係変更（訂正）届」をすみやかに提出する必要があります。

5　税務（持分あり・なしパターン）

ア　売り手側の税務

持分のある医療法人の出資持分を売却した場合、その売却益に対し20.315％（所得税・復興特別所得税15.315％、住民税5％）の税率で売手個人が課税されます。

例えば、当初300万円出資した医療法人を5,000万円で売却し、売却に伴う必要経費が200万円だった場合の税額計算は、次のようになります。

譲渡価格－（取得費＋必要経費）

　＝5,000万円－（300万円＋200万円）

　×20.315％　＝　約914万円

持分のない医療法人の場合は、譲渡する対象がないため上記のように譲渡に対する税金はありません。その場合、売り手の役員には退職金で譲渡代金に代わる対価を支払うケースがあります。

役員の退職に伴って退職金を支払う場合の税金は次ページのとおりとなります。

なお、退職所得控除を計算する際に適用する勤続年数について、スタッフの場合は個人クリニック時代の勤務期間を通算する旨の規定がある場合これを合算できますが、役員の場合、原則的には医療法人の役員在任期間のみが対象となります。

◎所得税及び復興特別所得税の源泉徴収税額の計算方法（令和4年分）

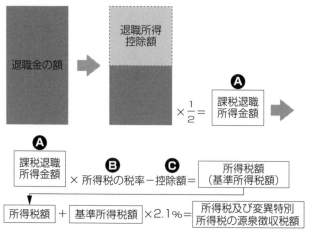

退職金の額から退職所得控除額を差し引いた額に 1/2 を掛けて課税退職所得金額を算出し、これに所得税の税率を掛けて、控除額を差し引いた残額が所得税額（基準所得税額）となります。この金額と、基準所得税額に 2.1％を掛けて計算した復興特別控除額を合計した金額が所得税及び復興特別所得税の源泉徴収税額となります。

[計算例]30 年勤務した方が退職金を 2,500 万円受け取った場合

退職所得控除額は　800 万円 +70 万円 ×（30 年−20 年）=1,500 万円

課税退職所得金額は　（2,500 万円−1,500 万円 × 1/2 =500 万円
◎1,000 円未満端数切捨て

所得税額は　500 万円 ×20％−42 万 7,500 円=57 万 2,500 円

所得税及び
復興特別所得税の額は　57 万 2,500 円+（57 万 2,500 円 ×2.1%）=58 万 4,522 円
◎1 円未満端数切捨て

注：このほかに住民税として、50 万円が特別徴収されます。

※退職所得控除

勤続年数	退職所得控除額
20 年以下	40 万円 × 勤続年数
20 年超	80 万円 +70 万円 ×（勤続年数−20 年）

注 1：勤続年数に 1 年未満の端数があるときは、たとえ 1 日でも 1 年
　　　として計算します。
注 2：上記の算式によって計算した金額が 80 万円未満の場合は、退職
　　　所得控除額は 80 万円になります。

出典：国税庁

168

イ　買い手側の税務

　出資持分を買い取った個人は、その出資持分を購入価額で以後保有し続けることになり、この取得・保有にかかる税金は生じません。

　また、役員退職金を支給した後の法人利益がマイナスとなる場合、その繰越欠損金は以降承継した医療法人で生ずる利益と相殺することができます。

　ただし、特定株主等によって支配された欠損等法人の欠損金の繰越しの不適用という制度があり、この規定の対象とならないよう留意する必要があります。

　すなわち、欠損等法人が他の者との間に他の者による特定支配関係を有することとなった日（以下、「特定支配日」といいます）以後5年を経過した日の前日等までに「一定の事由」に該当する場合には、その該当することとなった日の属する事業年度以後の各事業年度においては、その適用事業年度前の各事業年度において生じた欠損金額については、青色申告書を提出した事業年度の欠損金の繰越しの規定は適用しないこととされています。

　適用対象となる欠損等法人とは、法人で他の者との間に他の者による特定支配関係を有することとなったもののうち、その特定支配関係を有することとなった日（以下、「支配日」といいます）の属する事業年度（以下、「特定支配事業年度」といいます）においてその特定支配事業年度前の各事業年度において生じた青色欠損金または評価損資産を有するものをいいます。

　ここで、上記の適用対象となる「一定の事由」とは、次の（イ）から（ホ）までに掲げる事由とされています。

（イ）　欠損等法人が特定支配日の直前において事業を営んでいない場合（清算中の場合を含みます）において、その特定支配日以後に事業を開始すること。

（ロ）　欠損等法人が特定支配日の直前において営む事業（以下、「旧事業」といいます）のすべてを特定支配日以後に廃止し、または廃止することが見込まれている場合において、旧事業のその特定支配日の直前における事業規模のおおむね５倍を超える資金の借入れまたは出資による金銭その他の資産の受入れを行うこと。

（ハ）　他の者または関連者がその他の者および関連者以外の者から欠損等法人に対する特定債権を取得している場合において、その欠損等法人が旧事業の特定支配日の直前における事業規模のおおむね５倍を超える資金借入れ等を行うこと。

（二）　（イ）もしくは（ロ）の場合または（ハ）の特定債権が取得されている場合において、欠損等法人が自己を被合併法人または分割法人とする適格合併等（適格合併または合併類似適格分割型分割をいいます）を行うこと。

（ホ）　欠損等法人が特定支配関係を有することとなったことに基因して、欠損等法人の特定支配日の直前の社長その他一定の役員のすべてが退任（業務を執行しないものとなることを含みます）をし、かつ、その特定支配日の直前において欠損等法人の業務に従事する使用人（以下、「旧使用人」といいます）の総数のおおむね20%以上に相当する数の者がその欠損等法人の使用人でなくなった場合において、その欠損等法人の非従事事業（旧使用人が特定支配日以後その業務に実質的に従事しない事業をいいます）の事業規模が旧事業の特定支配日の直前における事業規模のおおむね５倍を超えることとなること。

出典：国税庁

　この制度は、欠損金を有する法人を買収したうえでその法人に事業を移し、当該法人が買収前から有していた繰越欠損金を利用して租税回避を図るといった行為を防止するために講じられたものですが、医療法人の場合でも持分あり医療法人で繰越欠損金のある休眠中の医療法人の買収を、税効果をねらって勧めてくるコンサルタントが存在します。

　定款変更の可否などの行政手続的な問題もありますが、税務上の繰越欠損金を目当てに休眠中の医療法人を買って開業した結果、前記（イ）に該当することとなって欠損金が使えず、当初想定した税額の軽減は得

られないケースが散見されます。安易な節税には落とし穴がある可能性があることによく注意して承継を検討してください。

<税務のポイント>

役員退職金規程に基づき支給される適正な役員退職金は基本的に法人の経費となる一方、受け取る個人にとっても非課税または低率課税で受給できるメリットがあります。双方ともにその制度の利点を生かせるよう柔軟に検討し、これを活用することをお勧めします。

また、個人所有・法人賃貸の土地・建物がある場合、賃借継続か承継側で買い取るかでもスキームが変わってきます。個人所有不動産の買取りが生ずる場合については、前項までと同様、総合的な判断と合意が必要です。

6　譲渡契約書

譲渡契約書のひな型を次ページに掲載します。

<譲渡契約のポイント>

個人のクリニックを承継する場合とは違い、「法人の中身が変わる」という形式（旧クリニックを運営していた法人がそのまま存続するかたち）のため、基本的に契約関係や権利関係を引き継ぐことになります。

雇用契約についても引き継ぐことになるため、場合によっては、承継前にスタッフ全員に退職してもらい、承継後に雇用を継続または新しいスタッフを採用といった手続きをとることがスムーズです（譲渡契約書のひな形でも、スタッフ全員に一旦退職していただくという前提で条項を作成しています）。

また、承継後、法人やクリニックの名称変更を行うことは買主側の自由ですが、念のため、名称変更が可能との条項を入れておくと認識の齟齬が生じにくくなると思われます。

医療法人持分譲渡契約書

　○○（以下、「売主」という）と、○○（以下、「買主」という）は、売主が理事長を務める医療法人○○（所在地：○○。以下、「本法人」という）の事業承継を目的として、次のとおり医療法人持分全部譲渡契約を締結する。

第1条（目的および対価）

1　売主は、○○年○月○日（以下、「引渡日」という）限り、自己が有している本法人の持分のすべておよび本法人および本法人が経営する診療所に関する権利の一切を買主に譲渡する。なお、その対価は金○○円とする。

2　売主は前項の譲渡について、本法人の定款等に規定された有効な手続きを経なければならない。

第2条（表明・保証）

1　売主は買主に対し、以下につき保証する。

　⑴　本法人は医療法に基づき設立され、現在も有効かつ適法に存在する医療法人社団であり、定款中に持分の定めを持ち、経過措置の適用を受けている。

　⑵　本法人が開設する○○クリニックは、医療法に基づく無床診療所であり、かつ健康保険法に基づく保険医療機関であって、診療業務を行ううえで必要な許認可等を有効に受けている。

　⑶　売主のほかに出資持分を有する者は存在しない。

2　前項に定める事項に瑕疵が存在した場合、売主が買主に支払うべき損害賠償は第1条第1項に定める譲渡対価を上限とする。ただし、売主に故意または重過失が存在する場合はこの限りでない。

第3条（引渡し）

1　売主は買主に対し、本契約に基づく義務の履行として、引渡日に以下のものを引き渡す。

　⑴　本法人および本法人が経営する○○クリニックに関する書類および記録類の一切

　⑵　本法人の代表印およびその印鑑カード

　⑶　○○クリニックの診療録その他患者に関する記録類の一切

　⑷　その他、当事者間の協議にて定めたもの（別紙）

2　前項に基づく引渡は、第1条第1項に定める対価の支払いと引換えに行う。

第4条（支払方法）

1　買主は、第1条第1項で定めた金額を、以下のとおり分割して支払う。

　⑴　申込金　○○万円（本契約締結後○日以内）

　⑵　精算金　○○万円（引渡日まで）

2　前項に定める支払いは、下記口座への振込により行うものとする。

【振込先口座】

○○銀行　○○支店　普通　○○

口座名義○○

3　第1条第1項および前二項に定める支払いにつき、買主が本

法人を経由して理事長退職金名目での支払いを希望する場合、売主は異議を唱えない。

第5条（社員および役員）

1 既存の社員および役員は、引渡日をもって全員退任、退社するものとし、売主は引渡日の前日までに全員からの辞任届、退社届をとりまとめ、買主に交付する。

2 買主は、前項に規定された日までに新たに社員、理事長、理事、監事就任予定者を選任し、引渡日の翌日以降、速やかに前項の辞任、退任と合わせて変更手続を行い、その写しを売主に交付する。

3 前二項に定める社員および役員の変更のほか、診療所名称および法人名称変更にかかる定款変更等公法上の諸手続きについては、買主より下記事務所に依頼する。なお、その際の手続費用については全額買主の負担とする。ただし、○○年度の決算に伴う事業報告等については、その届出等が引渡日以降であったとしても、その手続代理費用の全額は売主の負担とする。

　(1)　所在地：○○

　(2)　名　称：○○法務事務所

第6条（従業員）

1 本契約締結時に本法人に在籍している従業員は、引渡日をもって退職するものとし、売主は引渡日の前日までに全員からの退職届をとりまとめ、買主に交付する。また、引渡日までの給与その他本法人が従業員に対して負担する債務については、引渡日までに精算し、引渡日以降に何らかの債務が残っていた場合は売主が負担する。

2　本法人に在籍している従業員の中に買主が継続して雇用したい者がいる場合は、○○年○月○日以降、売主の同意を得て直接従業員と交渉することができる。

第7条（承継資産）

1　売主より買主に承継する資産は別紙承継資産目録のとおりとし、売主は本法人に別紙承継資産目録以外に負債がないことを保証する。

2　買主は承継資産目録に記載のない負債については承継せず、万一、別途の負債が存在した場合は買主の請求により売主が負担する。

3　第1項および第2項に定める事項に瑕疵が存在した場合、売主が買主に支払うべき金額は第1条第1項に定める譲渡対価を上限とする。ただし、売主に故意または重過失が存在する場合はこの限りでない。

4　前項による負債の承継の免責については、引渡後○年間とし、それ以降に発覚した承継資産目録に記載のない負債については、買主が負担する。

5　本法人に関する租税公課は、引渡日までに発生したものは売主の負担、それ以降に発生したものは買主の負担とする。

第8条（引渡前の準備行為）

1　買主は新たに診療所の運営を開始するための準備の必要がある場合は、予め許可を得て本法人が運営する診療所に立入り、業者との打合せ等を行うことができる。

2　売主は本契約締結後、引渡後の買主の診療が円滑に開始できるように患者へ事前周知する等、買主が希望する準備行為に協力する。

第9条（法人の名称等）

買主は、引渡日以降、法人の名称および診療所の名称等を、法令等で規制されている場合を除き自由に決定し、変更することができる。

第10条（競業避止義務）

売主は、○○クリニックの所在地から半径○km以内において、クリニックの開設等、実質的に競合する事業を行わないものとする。

第11条（秘密保持）

1　売主および買主は、本契約締結から○年間、以下の各号に規定する情報を除き、本契約の締結の事実およびその内容、交渉の内容ならびに本件事業譲渡に関連して相手方から受領した一切の情報（以下、「秘密情報」という）について、厳に秘密を保持し、これを第三者に開示または漏洩してはならず、また、本契約の締結および履行以外の目的に利用してはならない。

  ⑴　公知の情報、もしくは売主または買主の責めによらずに公知となった情報

  ⑵　売主または買主が本件事業とは無関係に独自に開発した情報

  ⑶　売主または買主が第三者から適法に入手した情報

2　前項にかかわらず、売主および買主は、本契約の締結および履行のために必要な範囲のみにおいて、役員および従業員、本契約に関して依頼する弁護士、公認会計士、税理士その他のアドバイザーに対して、秘密情報を開示することができる。ただし、少なくとも本条に定める秘密保持義務と同等の秘密

保持義務を負担することを条件とする。

3　第 1 項にかかわらず、売主および買主は、相手方の書面による承諾がある場合、司法・行政機関等の判断等により適法に開示を求められた場合または法令等により当事者による開示が義務付けられる場合は、秘密情報を開示することができる。

第 12 条（反社会的勢力の排除）

1　売主および買主は、現在、暴力団、暴力団員、暴力団員でなくなった時から 5 年を経過しない者、暴力団準構成員、暴力団関係企業、総会屋等、社会運動等標ぼうゴロまたは特殊知能暴力集団等、その他これらに準ずる者（以下、「反社会的勢力」という）に該当しないこと、および次の各号のいずれにも該当しないことを表明し、かつ将来にわたっても該当しないことを確約する。

⑴　反社会的勢力が経営を支配していると認められる関係を有すること。

⑵　反社会的勢力が経営に実質的に関与していると認められる関係を有すること。

⑶　自己、自社もしくは第三者の不正の利益を図る目的または第三者に損害を加える目的をもってするなど、不当に反社会的勢力を利用していると認められる関係を有すること。

⑷　反社会的勢力に対して資金等を提供し、または便宜を供与するなどの関与をしていると認められる関係を有すること。

⑸　役員または経営に実質的に関与している者が反社会的勢力と社会的に非難されるべき関係を有すること。

2　売主および買主は、自らまたは第三者を利用して次の各号の

いずれにも該当する行為を行わないことを確約する。

(1) 暴力的な要求行為

(2) 法的な責任を超えた不当な要求行為

(3) 取引に関して、脅迫的な言動をし、または暴力を用いる行為

(4) 風説を流布し、偽計を用いまたは威力を用いて相手方当事者の信用を毀損し、または相手方当事者の業務を妨害する行為

(5) その他前各号に準ずる行為

3 売主および買主は、自己の責めに帰すべき事由の有無を問わず、相手方が反社会的勢力もしくは第1項各号のいずれかに該当し、もしくは前項各号のいずれかに該当する行為をし、または第1項の規定にもとづく表明・確約に関して虚偽の申告をしたことが判明した場合には、相手方に対して何らの催告をすることなく本契約を解除することができるものとする。

4 売主および買主は、前項により本契約を解除した場合には、相手方当事者に損害等が生じたとしてもこれを一切賠償する責任はないことを確認し、これを了承する。

第13条（解除）

売主または買主は、相手方に本契約上の重大な義務違反があり、そのために本件事業譲渡の実行が困難な場合で、その是正を求める書面による通知後14日以内に当該重大な義務違反が是正されないときは、直ちに本契約を解除することができる。ただし、本件引渡日後はこの限りでない。

第14条（合意管轄）

本契約に関して紛争が発生した場合には、○○地方裁判所を

第一審の専属的合意管轄裁判所とする。

第15条（協議事項）

本契約に定めなき事項については、当事者間で誠意をもって協議し、解決するものとする。

本契約締結の証として、本書を2通作成し、売主買主記名押印のうえ、各1通を保有する。

○○年○月○日

売主

買主

（別紙1）
譲渡資産目録

不動産
土地
所　　在　　○○
地　　番　　○○
地　　目　　○○
地　　積　　○○

建物
所　　在　　○○
家屋番号　　○○
種　　類　　○○
構　　造　　○○
床面積　　1階　○○平方メートル
　　　　　　2階　○○平方メートル

資産・備品
　売主が所有し、○○において実在し本件事業で使用している一切の資産・備品。主要な資産は以下のとおりである。

固定資産名称	取得日	耐用年数	簿価
医療機器備品			
○○	○	○	○
○○	○	○	○
車輌および運搬具			
○○	○	○	○

器具および備品			
○○	○	○	○
無形固定資産			
水道施設利用権	○	○	○
○○システム（ソフトウェア）	○	○	○

（別紙2）

契約一覧表

　本件事業に必要かつ現存する一切の契約。主要な契約は以下のとおり。

番号	取引先名	契約内容
1	○○	特定ガス大口供給受給契約
2	○○	施設の管理業務委託契約
3	○○	消防設備等点検委託契約
4	○○	一般用寝具賃貸借契約
5	○○	一般廃棄物収集・運搬委託、特別管理産業廃棄物処理委託
6	○○	エレベーター点検契約
7	○○	商品売買契約

確認事項（法人）

確認事項	必要データ項目	留意点	確認内容
法人概要	定款	現行定款	所管庁窓口で閲覧、照合し、正確な定款を確認
	設立認可申請書、定款変更認可申請書、認可書	所管庁受付印付き、全ページ	届出義務履行と届出内容への疑義の有無
	事業報告書	所管庁受付印付き、全ページ	
	法人登記事項証明書、登記事項届	copy可	
	役員変更届	所管庁受付印付き、全ページ	任期満了に伴う改選時、その他の変更時の手続内容
	社員入退社に関する社員総会議事録	旧法人の場合は持分払戻に関する合意	社員の入退社履歴と現社員の特定
	持分譲渡契約書	持分譲渡があった場合、すべて	譲渡時点での持分権者
	法人社員名簿、役員名簿		
法人運営	社員総会議事録綴り		
	理事会議事録綴り		
	公印規程、使用印鑑管理簿		
	福利厚生規程、職員住宅規程等		
	社員総会細則、理事会細則		
	役員との委任契約書		役員との契約内容と未履行債務の有無
決算内容	決算書		
	勘定科目内訳書		不適切な経理処理の有無とその程度
	外部との業務委託契約書類	甲ー乙間の契約書等もあるはず	

確認事項（クリニック）

	必要データ項目	留意点	確認内容
診療所概要	診療所開設許可申請書、開設許可書、開設届、開設許可（届出）事項変更届（許可申請書）	保健所受付印付き、全ページ。開設後に変更があれば変更内容すべて	現在の開設許可の前提となっている事項、開設届出事項（無許可または無届届変更の有無とその程度）
	医師免許証 copy	照合記録つき	
	看護師その他のコメディカル免許証 copy	照合記録つき	
	診療契約書類		
運　営	問診票、同意書等		
	保健所からの指導記録		
	地方厚生局、保険者からの返戻・査定等通知		
	カルテ（典型的な患者数名分）	典型的患者のもの／新患登録日からすべて	不適切な診療行為、請求の有無とその程度
	レセプト（典型的な患者数名分）		
	災害時の手順書		
医療安全	業務手順書	医薬品管理指針、医療機器安全管理指針等	
	医療安全指針類		
	職員研修記録		
	レントゲン照射録、被ばく管理簿		
	麻薬管理簿		
	医療廃棄物処理委託契約書、委託先免許証		
	医療廃棄物マニュフェスト		
	医薬品等仕入伝票綴り		
	職員研修記録		

	必要データ項目	留意点	確認内容
経理	仕入れに関する基本契約書	医薬品卸、診療材料等	
	日計表、月計表		
	小口現金伝票／現金出納帳		
	未収金に関する規程類		
	外部への業務委託契約書		
広告、医業外	院外配布チラシ類		
	院内配布チラシ類		
	サプリ等販売記録		
	サプリ等価格表		
	院内掲示物		
個人情報	個人情報保護指針		
	カルテ開示規程		
	カルテ開示請求書等様式		
労務	就業規則	労基署届出済のもの	
	介護休業規程、育児休業規程		
	給与規程		
	雇用契約書、雇用条件通知書		
	身元保証書		
	職員台帳、勤怠簿		
	誓約書類		
	職員健診記録		
	36協定、労使協定		
	健康管理体制		

── 第5節 ──
医療法人から個人への第三者承継（事業のみ）

1　スキーム

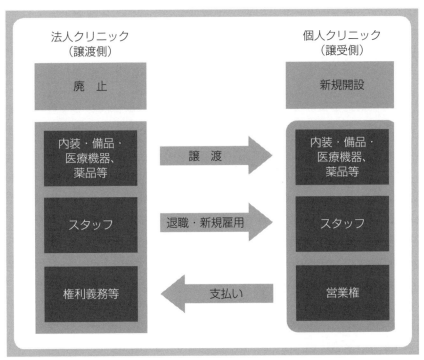

※法人クリニック（譲渡側）は、クリニック廃止後に医療法人の定款変更で存続また は解散

法人開設のクリニックのみを開業希望のドクター個人が承継する場合の承継は「事業譲渡」の形になります。

　法人クリニックを承継する場合、その権利義務は原則的に引き継がれず、資産・負債や権利等はそれぞれ個別に売買等を行い、また、個々に契約引継ぎ等を行うことで初めて承継した個人のクリニックに帰属することになります。

2　デューデリジェンス

　公法上の許認可そのものを売り手（前開設者）から引き継ぐことはないので、理論的には前開設者の経営、運営につき特に問題とする必要はないことになります。

　ただし、承継後に買い手が「開設者の変更」を理由に保険医療機関として遡及指定を受けるうえで、売り手側の保険医療機関としての指定を受けている内容、その後の変更の届出等が完遂されていることの確認は必ず必要となります。

　また、買い手があらたにクリニックを開設して届出、保険医療機関指定申請する際に必要となる、正確な平面図、敷地図、また建物の権利関係を示す書面（不動産登記事項証明書、賃貸借契約書）等の存在を確認し、賃貸借の場合は所有者が賃貸借契約の承継につき承諾してくれることまで確認し、承継後の買い手が建物を使用する権限が担保されていることを確認しておく必要があります。

3　手続き

　買い手が承継後初日から保険診療を開始するためには、以下の手続きを踏むのが通例です。

① 　売り手側法人での診療所の廃止（月末日が通例）
② 　廃止翌日付（翌月初日が通例）での買い手側診療所開設届出／10日以内
③ 　保険医療機関指定申請（遡及扱いにて上記②の開設日付で指定）／地方厚生局都道府県事務所が定める締切日まで

　手続きのポイントは、本章第2節（個人クリニックから個人への第三者承継）の手続きと共通ですので、そちらを参照してください。

4　人事労務

ア　労働保険の手続き

a．労災保険
① 　売り手側

　売り手側は事業を廃止したことになるので労災保険の適用が廃止されます。保険関係はその事業が廃止されたときに法律上当然に消滅するため、廃止届などの手続きは必要ありません。ただし、労働保険料の精算手続は必要になりますので、事業の廃止後50日以内に「労働保険確定保険料申告書」の提出を行わなければいけません。

② 　買い手側

　売り手側の労災保険の適用が廃止されます。そのため、事業を承継した買い手側は新たに労災保険関係を成立させなければなりません。事業開始後10日以内に「労働保険保険関係成立届」の提出が必要です。

b．雇用保険
① 　売り手側

　売り手側での手続きは特に必要ありません。雇用保険では事業を承継する場合、雇用保険の成立・廃止の手続きは必要なく、事業主が変更さ

れた旨の「雇用保険事業主事業所各種変更届」を新たな事業主が提出することとなります。

② 買い手側

雇用保険では事業を承継する場合、雇用保険の成立・廃止の手続きは必要なく、事業主が変更された旨の「雇用保険事業主事業所各種変更届」を買い手側が提出する必要があります。

イ 社会保険の手続き（健康保険・厚生年金保険の場合）

① 売り手側

社会保険においては雇用主の変更は事業の廃止となるため、従業員については「健康保険・厚生年金保険被保険者資格喪失届」の提出が必要となります。この際に、健康保険被保険者証を回収しなければいけないので不備のないように注意してください。また、同時に適用事業所としては「健康保険・厚生年金保険適用事業所全喪届」の提出が必要となります。どちらも事実のあった日から5日以内の提出となります。

② 買い手側

新たな適用事業所となるため、「健康保険・厚生年金保険新規適用届」の提出が必要となります。また、従業員については「健康保険・厚生年金保険被保険者資格取得届」や「健康保険被扶養者（異動）届」等の提出が必要となります。どちらも事実のあった日から5日以内の提出となります。

5 税　務

ア　売り手側の税務

クリニック施設を譲渡する法人側では、その売却に伴う利益に対し法人税が課税されます。

イ　買い手側の税務

　基本的に本章第2節の個人クリニックから個人への第三者承継と同様です。

＜税務のポイント＞

　クリニック事業の承継に際しクリニック不動産の譲渡がある場合、その内容で売却側の法人の課税が変わることは基本的にありません。

　一方で、買い手側の承継後の税務処理は契約内容により大きく変動することから、買い手側が積極的に合理的なスキームを検討し、提案を進めることが重要です。

6　譲渡契約書

　譲渡契約書のひな形を次ページに掲載します。

＜譲渡契約のポイント＞

　基本的に本章第2節の個人クリニックから個人への第三者承継と同様で、契約関係や権利関係を引き継がないことに注意する必要があります。

事業譲渡契約書

　○○（以下、「売主」という）と○○（以下、「買主」という）は、以下の条項を内容とする事業譲渡契約（以下「本契約」という）を締結する。

第1条（事業の譲渡）

　売主は、売主の運営する○○クリニックの事業（以下、「本件事業」という）を、本契約に定めるところに従って、買主に譲渡し、買主はこれを譲り受ける（以下「本件事業譲渡」という）。

第2条（事業譲渡の実行日）

　本件事業譲渡の実行日（以下、「本件実行日」という）は、○年○月○日とする。ただし、売主および買主は、双方の合意によって、本件実行日を変更することができる。

第3条（譲渡資産等の範囲）

1　本件事業譲渡により売主から買主に譲渡される資産（以下、「本件譲渡資産」という）は、別紙1「譲渡資産目録」（以下、「譲渡資産目録」という）記載のとおりとする。

2　売主および買主は、本件事業譲渡によっても、本件事業にかかる現預金および売掛金、その他前項に記載する資産以外の資産は買主に承継されないことを相互に確認する。

3　売主および買主は、本件実行日において売主が負担する債務

について、本契約で特に定めるものを除き、買主が債務を一切承継しないことを相互に確認する。

4　本件事業譲渡により売主から買主に承継させる契約上の地位は、別紙2「契約一覧表」記載の契約（以下、「本件承継契約」という）のとおりとする。売主は、本件実行日までに、本件承継対象契約上の地位を売主から買主に移転するために必要な相手方当事者の承諾を得られるよう努力するものとし、買主は、売主から必要な協力を求められたときは、可能な限り協力するものとする。ただし、買主と本件承継契約の相手方当事者との間で新たな契約が締結される場合は、この限りでない。

5　前項の相手方当事者の承諾が本件実行日までに得られない場合、売主および買主の間で協議のうえ、本件実行日後に速やかに承諾が取れるよう協力するものとする。

第4条（事業譲渡代金）

1　本件事業の譲渡代金（以下、「本件譲渡代金」という）は、金○○円（消費税・地方消費税別）とする。

2　買主は、売主に対し、本件実行日に、第5条記載の本件譲渡資産の引渡と引換えに、本件譲渡代金ならびに消費税および地方消費税を、売主の指定する銀行口座に振り込む方法により支払う。振込手数料は買主の負担とする。

第5条（譲渡対象資産の引渡等）

1　売主は、買主に対し、前条に基づく本件譲渡代金の支払いと引換えに、本件譲渡資産を現状有姿にてそれぞれの所在場所において引き渡す。

2　本件譲渡資産の所有権および危険負担は、前項に定める引渡

が完了したときに、売主から買主に移転する。

第6条（公租公課等の取扱い）

1 本件実行日の属する年度における本件譲渡資産にかかる公租
公課（固定資産税、都市計画税、償却資産税等）は、○○年
1月1日を起算日として、本件実行日の前日までの分につい
ては売主が、本件実行日以降の分については買主が、それぞ
れ日割で按分したうえで負担する。

2 本件実行日の属する期間内の電気料金、ガス代、水道代、イ
ンターネット代、その他の継続的契約に基づく負担金につい
ても前項と同様に取り扱うものとする。

第7条（競業避止義務）

売主は、本件事業の所在地から半径○km以内において、ク
リニックの開設等、本件事業と実質的に競合する事業を行わ
ないものとする。

第8条（従業員等の処遇）

1 売主は、本件実行日の前日をもって、本件事業に従事する売
主の全従業員（医師を含む）および全派遣社員（以下、「雇
用対象従業員」という）を全員解雇する。買主は、本件実行
日までに、雇用対象従業員に対し、原則として、本件実行日
の前日時点の売主における雇用条件と同一の条件で、本件実
行日からの雇用（ただし、本件事業譲渡が実行されることを
条件とする）を申し込むものとする。ただし、雇用条件に関
し、職分に比較して賃金が著しく高い者がいる場合にはこの
限りでない。

2 売主が雇用対象従業員に対して負担する退職金を含むすべて

の債務については、本契約にて特に定めるものを除き、売主の費用と負担にて処理するものとし、買主はこれを承継しない。

3　売主は、雇用対象従業員から、本件実行日から買主において勤務することの承諾を取得するよう合理的な範囲で努力するものとし、その他の本条に基づく従業員の承継に関する細目については、売主買主間にて別途協議のうえこれを定めるものとする。

第9条（譲渡資産の管理義務）

売主は、本契約締結後、本件実行日まで善良な管理者の注意をもって、本件事業の執行をなし、かつ、本件譲渡資産の管理を行うものとし、重要な財産の処分、本件事業譲渡に影響を及ぼす事項（買主に不利となる重大な変更および処分を含み、常務に属する取引は除く）に関しては、予め買主に意見を聞き、売主買主協議のうえ実施するものとする。

第10条（売主の表明・保証）

売主は、本契約締結日から本件実行日までのすべての時点において、以下各号の表明・保証を行うものとする。

(1)　売主は、適法に設立され、有効に存在し、その事業を遂行するために必要な権利能力を有している医療法人であること。

(2)　売主による本契約の締結および履行は売主の権利能力の範囲内の行為であり、本契約の締結および履行につき、法令、定款その他法人内の規則上必要とされる手続きを履践していること。

(3)　売主は、現在、本事業に必要な公官庁の許認可を有して

いること。

(4) 売主の直近事業年度に係る計算書類（以下、「本計算書類」という）は、日本において一般に公正妥当と認められる企業会計の基準に従って適切に作成されており、かつ、売主の財政状態ならびに本計算書類に係る期間の経営成績およびキャッシュフローの状況を重要な点において適正かつ正確に表示していること。

(5) 売主は、売主の知り得る限り、本件事業に関し、本計算書類またはそれらの注記に記載された債務および○○を除き、いかなる債務（隠れた債務、保証債務、偶発債務、および不法行為責任から生ずる債務を含む）をも負担していないこと。

(6) 本件事業に関し、売主は、納税申告書（修正申告を含む）および現在行っている税務上の処理等に必要な税務届出書、申請書等を、適切な税務当局に対しすべて適法かつ適時に提出していること。売主は、国または地方公共団体等に対して負担すべき公租公課等（法令等上要求される健康保険、厚生年金保険または国民健康保険、国民年金等の社会保険料および労災保険、雇用保険等の労働保険料を含むが、これらに限られない）の支払いをすべて支払期限までに行っており、一切滞納がないこと。売主と税務当局との間で、何ら紛争または見解の相違は生じておらず、またそのおそれもないこと。

(7) 本件事業に対する訴訟等は、○○を除き、係属しておらず、また売主の知り得る限り訴訟等が提起されるおそれもないこと。

(8) 売主が第三者に対して提起し現在係属中である訴訟等または提起を予定する訴訟等は○○を除き存在しないこと。

⑼　売主は、本件事業に関し、通常の業務過程において発生するクレーム等を除き、第三者よりクレーム等を受けておらず、また売主の知り得る限りそのおそれもないこと。

第11条（買主の義務の履行の前提条件）

本件事業譲渡における買主の義務の履行は、本件実行日において、以下の各条件のすべてが充足されていることを条件とする。ただし、買主は、その任意の裁量により、以下の各条件のいずれをも放棄することができる。

⑴　前条に定める売主の表明および保証が重要な点において真実かつ正確であること。

⑵　売主が、本契約に基づき本件実行日までに履行または順守すべき事項を重要な点において履行または順守していること。

⑶　本件事業譲渡に関して、本件実行日までに必要となる許認可等が取得または履践され、かつ、司法・行政機関等により、本件事業譲渡の実行を妨げる措置がとられていないこと。

⑷　買主において、本件実行日以降に本件事業を遂行するために必要な許認可等を取得していること。

⑸　売主において、本件承継契約の各相手方から、本件承継契約にかかる契約上の地位を売主から買主に承継することおよび本件実行日以降も本件承継契約を従前どおりの条件で継続させることについての書面による承諾を取得していること。

⑹　売主において、雇用対象従業員のうち、本件実行日以降に買主が、本件事業を支障なく運営するために必要かつ十分と買主が合理的に判断するものから、買主への転籍

に関する書面による同意を取得していること。

(7) 買主において、本件譲渡代金の支払いに必要な資金の調達が完了していること。

(8) 売主において、本件事業の財務状態、経営成績、キャッシュフロー、資産、負債もしくは将来の収益計画またはそれらの見通しに重大な悪影響を及ぼす可能性のある事由または事象が発生または判明しておらず、そのおそれもないこと。

第12条 (秘密保持義務)

1 売主および買主は、本契約締結から〇年間、以下の各号に規定する情報を除き、本契約の締結の事実およびその内容、交渉の内容ならびに本件事業譲渡に関連して相手方から受領した一切の情報 (以下、「秘密情報」という) について、厳に秘密を保持し、これを第三者に開示または漏洩してはならず、また、本契約の締結および履行以外の目的に利用してはならない。

(1) 公知の情報、もしくは売主または買主の責めによらずに公知となった情報

(2) 売主または買主が本件事業とは無関係に独自に開発した情報

(3) 売主または買主が第三者から適法に入手した情報

2 前項にかかわらず、売主および買主は、本契約の締結および履行のために必要な範囲のみにおいて、役員および従業員、本契約に関して依頼する弁護士、公認会計士、税理士その他のアドバイザーに対して、秘密情報を開示することができる。ただし、少なくとも本条に定める秘密保持義務と同等の秘密保持義務を負担することを条件とする。

3 第1項にかかわらず、売主および買主は、相手方の書面によ

る承諾がある場合、司法・行政機関等の判断等により適法に開示を求められた場合または法令等により当事者による開示が義務付けられる場合は、秘密情報を開示することができる。

第13条（解除）

売主または買主は、相手方に本契約上の重大な義務違反があり、そのために本件事業譲渡の実行が困難な場合で、その是正を求める書面による通知後14日以内に当該重大な義務違反が是正されないときは、直ちに本契約を解除することができる。ただし、本件実行日後はこの限りでない。

第14条（売主による補償）

1　売主は、買主に対して、本契約に定める自らの表明保証の違反または本契約に基づく義務の違反に起因して買主が損害等（合理的な範囲の弁護士費用を含む）を被った場合、かかる損害等を賠償または補償する。

2　前項に定める賠償または補償は、本件実行日後○年以内に、売主に対して書面により行わなければならない。

3　第1項に定める賠償または補償の額は、本件譲渡代金を上限とする。ただし、売主に故意または重過失がある場合はこの限りでない。

第15条（契約上の地位の移転、権利義務の譲渡の禁止）

売主および買主は、相手方の事前の書面による承諾なく、本契約の地位および権利義務の全部または一部を第三者に譲渡または移転させず、また、承継させてはならない。

第16条（反社会的勢力の排除）

1 売主および買主は、現在、暴力団、暴力団員、暴力団員でなくなった時から5年を経過しない者、暴力団準構成員、暴力団関係企業、総会屋等、社会運動等標ぼうゴロまたは特殊知能暴力集団等、その他これらに準ずる者（以下、「反社会的勢力」という）に該当しないこと、および次の各号のいずれにも該当しないことを表明し、かつ将来にわたっても該当しないことを確約する。

　⑴　反社会的勢力が経営を支配していると認められる関係を有すること。

　⑵　反社会的勢力が経営に実質的に関与していると認められる関係を有すること。

　⑶　自己、自社もしくは第三者の不正の利益を図る目的または第三者に損害を加える目的をもってするなど、不当に反社会的勢力を利用していると認められる関係を有すること。

　⑷　反社会的勢力に対して資金等を提供し、または便宜を供与するなどの関与をしていると認められる関係を有すること。

　⑸　役員または経営に実質的に関与している者が反社会的勢力と社会的に非難されるべき関係を有すること。

2 売主および買主は、自らまたは第三者を利用して次の各号のいずれにも該当する行為を行わないことを確約する。

　⑴　暴力的な要求行為

　⑵　法的な責任を超えた不当な要求行為

　⑶　取引に関して、脅迫的な言動をし、または暴力を用いる行為

　⑷　風説を流布し、偽計を用いまたは威力を用いて相手方当事者の信用を毀損し、または相手方当事者の業務を妨害

　　　　する行為

　　(5)　その他前各号に準ずる行為

3　売主および買主は、自己の責めに帰すべき事由の有無を問わ
　　ず、相手方が反社会的勢力もしくは第1項各号のいずれかに
　　該当し、もしくは前項各号のいずれかに該当する行為をし、
　　または第1項の規定にもとづく表明・確約に関して虚偽の申
　　告をしたことが判明した場合には、相手方に対して何らの催
　　告をすることなく本契約を解除することができるものとする。

4　売主および買主は、前項により本契約を解除した場合には、
　　相手方当事者に損害等が生じたとしてもこれを一切賠償する
　　責任はないことを確認し、これを了承する。

第17条（合意管轄）

　　本契約に関して紛争が発生した場合には、○○地方裁判所を
　　第一審の専属的合意管轄裁判所とする。

第18条（協議事項）

　　本契約に定めなき事項については、当事者間で誠意をもって
　　協議し、解決するものとする。

　本契約締結の証として、本書を2通作成し、売主買主記名押印
のうえ、各1通を保有する。

○○年○月○日

売主

買主

譲渡資産目録

不動産

土地

所　　在　　〇〇

地　　番　　〇〇

地　　目　　〇〇

地　　積　　〇〇

建物

所　　在　　〇〇

家屋番号　　〇〇

種　　類　　〇〇

構　　造　　〇〇

床 面 積　　1階　〇〇平方メートル

　　　　　　2階　〇〇平方メートル

資産・備品

　売主が所有し、〇〇において実在し本件事業で使用している一切の資産・備品。主要な資産は以下のとおりである。

固定資産名称	取得日	耐用年数	簿価
医療機器備品			
〇〇	〇	〇	〇
〇〇	〇	〇	〇
車輌および運搬具			
〇〇	〇	〇	〇

器具および備品			
○○	○	○	○
無形固定資産			
水道施設利用権	○	○	○
○○システム（ソフトウェア）	○	○	○

（別紙2）

契約一覧表

　本件事業に必要かつ現存する一切の契約。主要な契約は以下のとおり。

番号	取引先名	契約内容
1	○○	特定ガス大口供給受給契約
2	○○	施設の管理業務委託契約
3	○○	消防設備等点検委託契約
4	○○	一般用寝具賃貸借契約
5	○○	一般廃棄物収集・運搬委託、特別管理産業廃棄物処理委託
6	○○	エレベーター点検契約
7	○○	商品売買契約

医療法人から医療法人への第三者承継（事業のみ）

1 スキーム

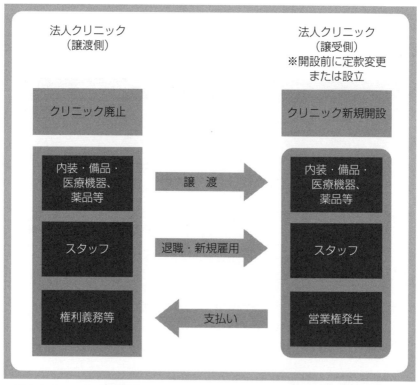

※法人クリニック（譲渡側）は、クリニックの廃止後に医療法人の定款変更または解散

　法人開設のクリニックのみを法人が承継する場合など、「法人→法人」
の承継は「事業譲渡」の形になります。

　法人クリニックを承継する場合、その権利義務は原則的に引き継がれ
ず、資産・負債や権利等はそれぞれ個別に売買等を行い、また、個々に
契約引継ぎ等を行うことで初めて承継した医療法人のクリニックに帰属
することになります。

2　デューデリジェンス

　公法上の許認可そのものを前開設者から引き継ぐことはないので、基
本的には前開設者の経営、運営につき特に問題とする必要はありません。

　ただし、承継後に買い手が「開設者の変更」を理由に保険医療機関と
して遡及指定を受けるうえで、売り手側の保険医療機関としての指定を
受けている内容、その後の変更の届出等が完遂されていることの確認は
必ず必要となります。

　また、買い手が法人の定款変更認可を受け、診療所開設許可申請、開
設届出、保険医療機関指定申請等の手続きをするうえで、正確な平面図、
敷地図、また建物の権利関係を示す書面（不動産登記事項証明書、賃貸
借契約書）等の存在を確認し、賃貸借の場合は所有者が賃貸借契約の承
継につき承諾してくれることまで確認し、買い手の建物を使用する権限
が確実であることを確認しておく必要があります。

3　手続き

　買い手が承継後初日から保険診療を開始するためには、以下の手続き
を踏むのが通例です。

① 買い手側法人の定款変更認可（事前審査〜本申請〜認可／３〜４カ月を要する）
② 買い手側法人の目的等変更登記
③ 買い手側法人での診療所開設許可申請
④ 売り手側法人での診療所の廃止（月末日が通例）
⑤ 廃止翌日付（翌月初日が通例）での買い手側法人診療所開設届出／10日以内
⑥ 保険医療機関指定申請（遡及扱いにて上記⑤の開設日付で指定）／地方厚生局都道府県事務所が定める締切日まで
⑦ 売り手側法人定款変更（廃止した診療所を削除）
⑧ 売り手側法人目的等変更登記（同上）

　この一連の手続きで最も期間を要するのが、①の定款変更認可です。

　定款変更認可に際しては、認可申請書に定款変更後２年間の事業計画書、予算書、管理者の医師免許証、履歴書、印鑑証明書、管理者および理事への就任承諾書、法人概要、事業譲渡を受けて診療所を新設することを決議した社員総会議事録、事業計画や予算の前提となる事業譲渡契約書、法人登記事項証明書、直近の事業報告書、決算書、勘定科目内訳書等を添付し、所管庁の事前審査を受けて修正、差換え等を済ませたうえで本申請となります。すべての添付書類を揃えた申請書案を所管庁に預けて事前審査を開始するところから、最終的に認可書を受領するところまで少なくとも３カ月、その後に目的等の変更登記を経て所轄保健所から診療所開設許可を受けるまでに約１カ月程度の期間を予定しておくことが求められます。

　なお、定款変更認可申請の前提として、法人の毎年の事業報告や役員の改選、資産総額や理事長の変更（重任）登記等を完遂していることに加え、通常の事業報告時には発覚しない不適切な経理処理（役職員が通勤に使う車両、規程に基づかない役員専用住宅等の配当類似行為、正規の手続きを踏まない役員との金銭の貸借等）がないことが求められます。譲渡対象のデューデリジェンスのみでなく、買い手側に問題がないかに

ついても契約締結前に専門職に確認を依頼して、法人が譲渡を受けたクリニックを予定どおり開設できる状況であることにつき、正確に調査しておくことをお勧めします。

　一連の手続きが終了したところで、売り手側法人は当該診療所を定款から削除する旨を改めて社員総会で決議し（この決議はクリニック事業譲渡契約承認と同時にすることも可）、都道府県知事に定款変更認可を申請、認可を受けて目的および事業の変更登記を経由し、登記事項届出を提出したところで手続きは完結します。

　その他の手続きのポイントは、本章第2節（個人クリニックから個人への第三者承継）の手続きと共通ですので、そちらを参照してください。

4　人事労務

ア　労働保険の手続き

ａ．労災保険

①　売り手側

　売り手側は事業を廃止したことになるので、労災保険の適用が廃止されます。保険関係はその事業が廃止されたときに法律上当然に消滅するため、廃止届などの手続きは必要ありません。ただし、労働保険料の精算手続は必要となるので、事業の廃止後50日以内に「労働保険確定保険料申告書」の提出を行わなければいけません。

②　買い手側

　売り手側の労災保険の適用が廃止され、買い手側の継続事業に統合されることになります。買い手側では承継により賃金総額等の見込み額が増加し、その見込み額が増加前の賃金総額の見込み額の100分の200を超え、かつ、差額が13万円以上である場合は、増加概算保険料を申告・納付しなければいけません。

ｂ．雇用保険

①　売り手側

売り手側での手続きは特に必要ありません。雇用保険では事業を承継する場合、雇用保険の成立・廃止の手続きは必要なく、事業主が変更された旨の「雇用保険事業主事業所各種変更届」を新たな事業主が提出することとなります。

②　買い手側

雇用保険では事業を承継する場合、雇用保険の成立・廃止の手続きは必要なく、事業主が変更された旨の「雇用保険事業主事業所各種変更届」を買い手側が提出する必要があります。

イ　社会保険の手続き（健康保険・厚生年金保険の場合）

①　売り手側

社会保険においては雇用主の変更は事業の廃止となるため、従業員については「健康保険・厚生年金保険被保険者資格喪失届」の提出が必要となります。この際に、健康保険被保険者証を回収しなければいけないので不備のないように注意してください。また、同時に適用事業所としては「健康保険・厚生年金保険適用事業所全喪届」の提出が必要となります。どちらも事実のあった日から５日以内の提出となります。

②　買い手側

買い手側が既存の適用事業所である場合は、事業所についての届出は不要であり、従業員についての「健康保険・厚生年金保険被保険者資格取得届」や「健康保険被扶養者（異動）届」等の提出のみになります。

5　税　務

ア　売り手側の税務

基本的に本章第5節の「医療法人から個人への第三者承継（事業のみ）」と同様です。

イ　買い手側の税務

基本的に本章第5節の「医療法人から個人への第三者承継（事業のみ）」と同様です。

＜税務のポイント＞

基本的に本章第5節の「医療法人から個人への第三者承継（事業のみ）」と同様です。

6　譲渡契約書

譲渡契約書のひな型を次ページに掲載します。

＜譲渡契約のポイント＞

事業のみの譲渡になるため、基本的に契約関係・権利関係を引き継ぐことはありません。

表明保証において、お互いに、クリニック運営が可能である適法な医療法人であることの確認はしておくべきでしょう。

事業譲渡契約書

　○○（以下、「売主」という）と○○（以下、「買主」という）は、以下の条項を内容とする事業譲渡契約（以下、「本契約」という）を締結する。

第1条（事業の譲渡）

　売主は、売主の運営する○○クリニックの事業（以下、「本件事業」という）を、本契約に定めるところに従って、買主に譲渡し、買主はこれを譲り受ける（以下、「本件事業譲渡」という）。

第2条（事業譲渡の実行日）

　本件事業譲渡の実行日（以下、「本件実行日」という）は、○年○月○日とする。ただし、売主および買主は、双方の合意によって、本件実行日を変更することができる。

第3条（譲渡資産等の範囲）

1　本件事業譲渡により売主から買主に譲渡される資産（以下、「本件譲渡資産」という）は、別紙1「譲渡資産目録」（以下、「譲渡資産目録」という）記載のとおりとする。

2　売主および買主は、本件事業譲渡によっても、本件事業にかかる現預金および売掛金、その他前項に記載する資産以外の資産は買主に承継されないことを相互に確認する。

3　売主および買主は、本件実行日において売主が負担する債務

について、本契約で特に定めるものを除き、買主が債務を一切承継しないことを相互に確認する。

4　本件事業譲渡により売主から買主に承継させる契約上の地位は、別紙2「契約一覧表」記載の契約（以下、「本件承継契約」という）記載のとおりとする。売主は、本件実行日までに、本件承継対象契約上の地位を売主から買主に移転するために必要な相手方当事者の承諾を得られるよう努力するものとし、買主は、売主から必要な協力を求められたときは、可能な限り協力するものとする。ただし、買主と本件承継契約の相手方当事者との間で新たな契約が締結される場合は、この限りでない。

5　前項の相手方当事者の承諾が本件実行日までに得られない場合、売主および買主の間で協議のうえ、本件実行日後に速やかに承諾が取れるよう協力するものとする。

第4条（事業譲渡代金）

1　本件事業の譲渡代金（以下、「本件譲渡代金」という）は、金○○円（消費税・地方消費税別）とする。

2　買主は、売主に対し、本件実行日に、第5条記載の本件譲渡資産の引渡と引換えに、本件譲渡代金ならびに消費税および地方消費税を、売主の指定する銀行口座に振り込む方法により支払う。振込手数料は買主の負担とする。

第5条（譲渡対象資産の引渡等）

1　売主は、買主に対し、前条に基づく本件譲渡代金の支払いと引換えに、本件譲渡資産を現状有姿にてそれぞれの所在場所において引き渡す。

2　本件譲渡資産の所有権および危険負担は、前項に定める引渡

が完了したときに、売主から買主に移転する。

第6条（公租公課等の取扱い）

1 本件実行日の属する年度における本件譲渡資産にかかる公租
公課（固定資産税、都市計画税、償却資産税等）は、○○年
1月1日を起算日として、本件実行日の前日までの分につい
ては売主が、本件実行日以降の分については買主が、それぞ
れ日割で按分したうえで負担する。

2 本件実行日の属する期間内の電気料金、ガス代、水道代、イ
ンターネット代、その他の継続的契約に基づく負担金につい
ても前項と同様に取り扱うものとする。

第7条（競業避止義務）

売主は、本件事業の所在地から半径○km以内において、ク
リニックの開設等、本件事業と実質的に競合する事業を行わ
ないものとする。

第8条（従業員等の処遇）

1 売主は、本件実行日の前日をもって、本件事業に従事する売
主の全従業員（医師を含む）および全派遣社員（以下、「雇
用対象従業員」という）を全員解雇する。買主は、本件実行
日までに、雇用対象従業員に対し、原則として、本件実行日
の前日時点の売主における雇用条件と同一の条件で、本件実
行日からの雇用（ただし、本件事業譲渡が実行されることを
条件とする）を申し込むものとする。ただし、雇用条件に関
し、職分に比較して賃金が著しく高い者がいる場合にはこの
限りでない。

2 売主が雇用対象従業員に対して負担する退職金を含むすべて

の債務については、本契約にて特に定めるものを除き、売主
の費用と負担にて処理するものとし、買主はこれを承継しな
い。

3　売主は、雇用対象従業員から、本件実行日から買主において
勤務することの承諾を取得するよう合理的な範囲で努力する
ものとし、その他の本条に基づく従業員の承継に関する細目
については、売主買主間にて別途協議のうえこれを定めるも
のとする。

第9条（譲渡資産の管理義務）

売主は、本契約締結後、本件実行日まで善良な管理者の注意
をもって、本件事業の執行をなし、かつ、本件譲渡資産の管
理を行うものとし、重要な財産の処分、本件事業譲渡に影響
を及ぼす事項（買主に不利となる重大な変更および処分を含
み、常務に属する取引は除く）に関しては、予め買主に意見
を聞き、売主買主協議のうえ実施するものとする。

第10条（売主の表明・保証）

売主は、本契約締結日から本件実行日までのすべての時点に
おいて、以下各号の表明・保証を行うものとする。

(1)　売主は、適法に設立され、有効に存在し、その事業を遂
行するために必要な権利能力を有している医療法人であ
ること。

(2)　売主による本契約の締結および履行は売主の権利能力の
範囲内の行為であり、本契約の締結および履行につき、
法令、定款その他法人内の規則上必要とされる手続きを
履践していること。

(3)　売主は、現在、本事業に必要な公官庁の許認可を有して

いること。

(4) 売主の直近事業年度に係る計算書類(以下、「本計算書類」という)は、日本において一般に公正妥当と認められる企業会計の基準に従って適切に作成されており、かつ、売主の財政状態ならびに本計算書類に係る期間の経営成績およびキャッシュフローの状況を重要な点において適正かつ正確に表示していること。

(5) 売主は、売主の知り得る限り、本件事業に関し、本計算書類またはそれらの注記に記載された債務および○○を除き、いかなる債務（隠れた債務、保証債務、偶発債務、および不法行為責任から生ずる債務を含む）をも負担していないこと。

(6) 本件事業に関し、売主は、納税申告書（修正申告を含む）および現在行っている税務上の処理等に必要な税務届出書、申請書等を、適切な税務当局に対しすべて適法かつ適時に提出していること。売主は、国または地方公共団体等に対して負担すべき公租公課等（法令等上要求される健康保険、厚生年金保険または国民健康保険、国民年金等の社会保険料および労災保険、雇用保険等の労働保険料を含むが、これらに限られない）の支払いをすべて支払期限までに行っており、一切滞納がない。売主と税務当局との間で、何ら紛争または見解の相違は生じておらず、またそのおそれもないこと。

(7) 本件事業に対する訴訟等は、○○を除き、係属しておらず、また売主の知り得る限り訴訟等が提起されるおそれもないこと。

(8) 売主が第三者に対して提起し現在係属中である訴訟等または提起を予定する訴訟等は○○を除き存在しないこと。

(9) 売主は、本件事業に関し、通常の業務過程において発生するクレーム等を除き、第三者よりクレーム等を受けておらず、また売主の知り得る限りそのおそれもないこと。

第11条（買主の表明・保証）

買主は、本契約締結日から本件実行日までのすべての時点において、以下各号の表明・保証を行うものとする。

(1) 買主は、適法に設立され、有効に存在し、その事業を遂行するために必要な権利能力を有している医療法人であること。

(2) 買主による本契約の締結および履行は買主の権利能力の範囲内の行為であり、本契約の締結および履行につき、法令、定款その他法人内の規則上必要とされる手続きを履践していること。

第12条（売主の義務の履行の前提条件）

本件事業譲渡における売主の義務の履行は、本件実行日において、以下の各条件のすべてが充足されていることを条件とする。ただし、売主は、その任意の裁量により、以下の各条件のいずれをも放棄することができる。

(1) 前条に定める買主の表明および保証が重要な点において真実かつ正確であること。

(2) 買主が、本契約に基づき本件実行日までに履行または順守すべき事項を重要な点において履行または順守していること。

(3) 本件事業譲渡に関して、本件実行日までに必要となる許認可等が取得または履践され、かつ、司法・行政機関等により、本件事業譲渡の実行を妨げる措置がとられてい

ないこと。

第13条（買主の義務の履行の前提条件）

本件事業譲渡における買主の義務の履行は、本件実行日において、以下の各条件のすべてが充足されていることを条件とする。ただし、買主は、その任意の裁量により、以下の各条件のいずれをも放棄することができる。

(1) 前条に定める売主の表明および保証が重要な点において真実かつ正確であること。

(2) 売主が、本契約に基づき本件実行日までに履行または順守すべき事項を重要な点において履行または順守していること。

(3) 本件事業譲渡に関して、本件実行日までに必要となる許認可等が取得または履践され、かつ、司法・行政機関等により、本件事業譲渡の実行を妨げる措置がとられていないこと。

(4) 買主において、本件実行日以降に本件事業を遂行するために必要な許認可等を取得していること。

(5) 売主において、本件承継契約の各相手方から、本件承継契約にかかる契約上の地位を売主から買主に承継することおよび本件実行日以降も本件承継契約を従前どおりの条件で継続させることについての書面による承諾を取得していること。

(6) 売主において、雇用対象従業員のうち、本件実行日以降に買主が、本件事業を支障なく運営するために必要かつ十分と買主が合理的に判断するものから、買主への転籍に関する書面による同意を取得していること。

(7) 買主において、本件譲渡代金の支払いに必要な資金の調

達が完了していること。

(8)　売主において、本件事業の財務状態、経営成績、キャッシュフロー、資産、負債もしくは将来の収益計画またはそれらの見通しに重大な悪影響を及ぼす可能性のある事由または事象が発生または判明しておらず、そのおそれもないこと。

第14条（秘密保持義務）

1　売主および買主は、本契約締結から〇年間、以下の各号に規定する情報を除き、本契約の締結の事実およびその内容、交渉の内容ならびに本件事業譲渡に関連して相手方から受領した一切の情報（以下、「秘密情報」という）について、厳に秘密を保持し、これを第三者に開示または漏洩してはならず、また、本契約の締結および履行以外の目的に利用してはならない。

(1)　公知の情報、もしくは売主または買主の責めによらずに公知となった情報

(2)　売主または買主が本件事業とは無関係に独自に開発した情報

(3)　売主または買主が第三者から適法に入手した情報

2　前項にかかわらず、売主および買主は、本契約の締結および履行のために必要な範囲のみにおいて、役員および従業員、本契約に関して依頼する弁護士、公認会計士、税理士その他のアドバイザーに対して、秘密情報を開示することができる。ただし、少なくとも本条に定める秘密保持義務と同等の秘密保持義務を負担することを条件とする。

3　第1項にかかわらず、売主および買主は、相手方の書面による承諾がある場合、司法・行政機関等の判断等により適法に

開示を求められた場合または法令等により当事者による開示が義務付けられる場合は、秘密情報を開示することができる。

第15条（解除）

売主または買主は、相手方に本契約上の重大な義務違反があり、そのために本件事業譲渡の実行が困難な場合で、その是正を求める書面による通知後14日以内に当該重大な義務違反が是正されないときは、直ちに本契約を解除することができる。ただし、本件実行日後はこの限りでない。

第16条（売主による補償）

1　売主は、買主に対して、本契約に定める自らの表明保証の違反または本契約に基づく義務の違反に起因して買主が損害等（合理的な範囲の弁護士費用を含む）を被った場合、かかる損害等を賠償または補償する。

2　前項に定める賠償または補償は、本件実行日後○年以内に、売主に対して書面により行わなければならない。

3　第1項に定める賠償または補償の額は、本件譲渡代金を上限とする。ただし、売主に故意または重過失がある場合はこの限りでない。

第17条（契約上の地位の移転、権利義務の譲渡の禁止）

売主および買主は、相手方の事前の書面による承諾なく、本契約の地位および権利義務の全部または一部を第三者に譲渡または移転させず、また、承継させてはならない。

第18条（反社会的勢力の排除）

1　売主および買主は、現在、暴力団、暴力団員、暴力団員でな

くなった時から5年を経過しない者、暴力団準構成員、暴力団関係企業、総会屋等、社会運動等標ぼうゴロまたは特殊知能暴力集団等、その他これらに準ずる者（以下、「反社会的勢力」という）に該当しないこと、および次の各号のいずれにも該当しないことを表明し、かつ将来にわたっても該当しないことを確約する。

(1) 反社会的勢力が経営を支配していると認められる関係を有すること。

(2) 反社会的勢力が経営に実質的に関与していると認められる関係を有すること。

(3) 自己、自社もしくは第三者の不正の利益を図る目的または第三者に損害を加える目的をもってするなど、不当に反社会的勢力を利用していると認められる関係を有すること。

(4) 反社会的勢力に対して資金等を提供し、または便宜を供与するなどの関与をしていると認められる関係を有すること。

(5) 役員または経営に実質的に関与している者が反社会的勢力と社会的に非難されるべき関係を有すること。

2 売主および買主は、自らまたは第三者を利用して次の各号のいずれにも該当する行為を行わないことを確約する。

(1) 暴力的な要求行為

(2) 法的な責任を超えた不当な要求行為

(3) 取引に関して、脅迫的な言動をし、または暴力を用いる行為

(4) 風説を流布し、偽計を用いまたは威力を用いて相手方当事者の信用を毀損し、または相手方当事者の業務を妨害する行為

(5)　その他前各号に準ずる行為

3　売主および買主は、自己の責めに帰すべき事由の有無を問わず、相手方が反社会的勢力もしくは第1項各号のいずれかに該当し、もしくは前項各号のいずれかに該当する行為をし、または第1項の規定にもとづく表明・確約に関して虚偽の申告をしたことが判明した場合には、相手方に対して何らの催告をすることなく本契約を解除することができるものとする。

4　売主および買主は、前項により本契約を解除した場合には、相手方当事者に損害等が生じたとしてもこれを一切賠償する責任はないことを確認し、これを了承する。

第19条（合意管轄）

本契約に関して紛争が発生した場合には、○○地方裁判所を第一審の専属的合意管轄裁判所とする。

第20条（協議事項）

本契約に定めなき事項については、当事者間で誠意をもって協議し、解決するものとする。

本契約締結の証として、本書を2通作成し、売主買主記名押印のうえ、各1通を保有する。

○○年○月○日

売主

買主

（別紙1）

譲渡資産目録

　　不動産

　　土地

　　所　　在　　○○

　　地　　番　　○○

　　地　　目　　○○

　　地　　積　　○○

　　建物

　　所　　在　　○○

　　家屋番号　　○○

　　種　　類　　○○

　　構　　造　　○○

　　床 面 積　　1階　○○平方メートル

　　　　　　　　2階　○○平方メートル

資産・備品

　　売主が所有し、○○において実在し本件事業で使用している一切の資産・備品。主要な資産は以下のとおりである。

固定資産名称	取得日	耐用年数	簿価
医療機器備品			
○○	○	○	○
○○	○	○	○
車輌および運搬具			
○○	○	○	○

器具および備品			
○○	○	○	○
無形固定資産			
水道施設利用権	○	○	○
○○システム（ソフトウェア）	○	○	○

（別紙2）

契約一覧表

　本件事業に必要かつ現存する一切の契約。主要な契約は以下のとおり。

番号	取引先名	契約内容
1	○○	特定ガス大口供給受給契約
2	○○	施設の管理業務委託契約
3	○○	消防設備等点検委託契約
4	○○	一般用寝具賃貸借契約
5	○○	一般廃棄物収集・運搬委託、特別管理産業廃棄物処理委託
6	○○	エレベーター点検契約
7	○○	商品売買契約

第7節
医療法人から医療法人への第三者承継（法人格ごと）

1　スキーム

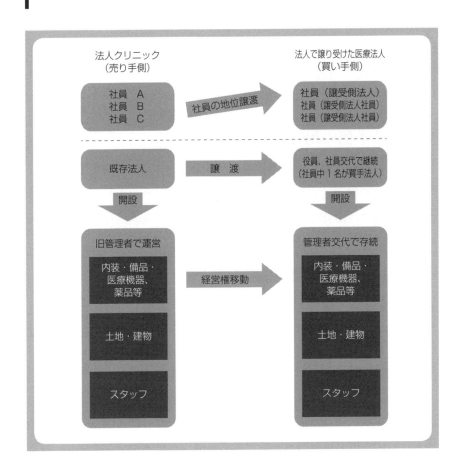

法人譲渡契約により被買収法人の社員が全員退社する際に買収側法人が法人社員として入社、同時に買収法人の社員（個人）が入社することで、事実上「法人が法人を支配」することも可能です。

　ただし、実際には医療法人の理事長たるドクターが個人で医療法人を買収（本章第4節「医療法人から個人への第三者承継（法人格ごと）」）とほぼ同じ効果であり、また、法人が法人からクリニックの事業譲渡を受けて開設（本章第6節「医療法人から医療法人への第三者承継（事業のみ）」）することで単一法人が複数診療所を開設するほうがシンプルでもあることから、理論的には存在し得るとはいえ実務上は使われることが想定されないことから、本書中で詳細の解説は省略します。

❙ 2　税　務

ア　売り手側の税務

　対象が出資持分あり医療法人の場合は本章第4節「医療法人から個人への第三者承継（法人格ごと）」のケースと同様で、また、持分なし医療法人の場合は出資持分の譲渡という概念自体が基本的に存在しませんので、譲渡に関する税金はありません。

イ　買い手側の税務

　出資持分あり医療法人の法人社員の場合は、出資持分を法人で持つことは適当でないという観点から、本章第4節「医療法人から個人への第三者承継（法人格ごと）」のケースと同様、個人で所有することとなり、税務も同様となります。

　また、法人社員とならず医療法人で出資持分を所有することも可能ではありますが、社員ではないことから退社時の持分に基づく払戻請求権はなく、法人解散時の残余財産分配請求権のみ有することとなり、分配

がなされた場合に当初の買取額と払戻額との差額が益金または損金となります。

　なお、対象が持分なし医療法人の場合は出資持分の譲渡という概念自体が存在しないため、税務の説明は割愛します。

【参考：医療法人運営管理指導要綱】

⑧ 法人社員の場合は、法人名、住所、業種、入社年月日（退社年月日）（なお、法人社員が持分を持つことは、法人運営の安定性の観点から適当でないこと）

⇒「法人」が他の法人の「社員」になることは有り得る。

【H3.1.17指1「医療法人に対する出資又は寄附について」】

〜そのため、営利を目的とする商法上の会社は、医療法人に出資することにより社員となることはできないものと解する。

⇒営利法人が社員となることはできない。

医療法人から医療法人への第三者承継（合併・分割）

1 合 併

　定款中に合併に関する規定を持つ医療法人（社団、財団）は、相互の合併契約に基づき都道府県知事より認可を受けることで、他の医療法人と合併することができます。

　ただし、持分ある社団は他の持分ある社団との合併の場合に限って持分に関する定款規定を残すことができ、それ以外の場合は存続する法人は持分なし社団または財団となります。

　合併には、以下2つの形態が存在します。

ア　吸収合併

　合併により消滅する医療法人の権利義務の全部を合併後存続する医療法人に承継させる（医療法第58条）。

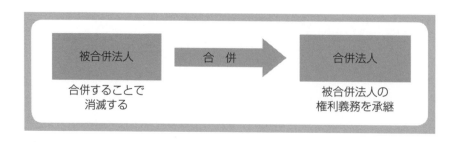

イ 新設合併

　合併により消滅する医療法人の権利義務の全部を合併により設立する
医療法人に承継させる（医療法第59条）。

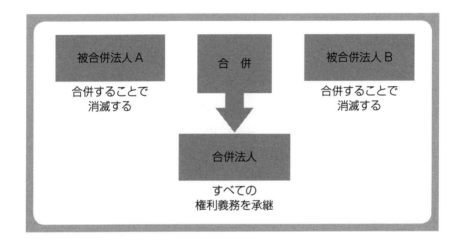

2 分　割

　定款中に分割に関する規定を持つ医療法人（社団、財団）は、都道府県知事の認可を受けることで、法人分割をすることができます。

　分割には、以下2つの形態が存在します。

ア　吸収分割

　医療法人がその事業に関して有する権利義務の全部または一部を分割後他の医療法人に承継させる（社会医療法人を除く／医療法第60条）。

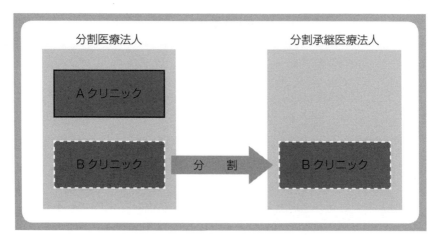

イ　新設分割

　1または2以上の医療法人がその事業に関して有する権利義務の全部または一部を分割により設立する医療法人に承継させる（医療法第61条）。

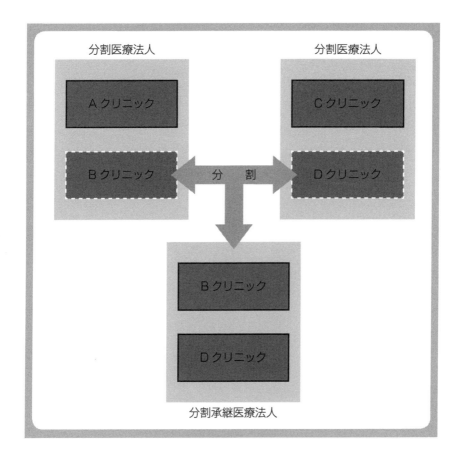

　合併、分割とも、法人間での事業譲渡等の通常の手法で類似の効果を出すことができ、病床過剰となっている医療圏内での病院経営権移管の場合等を除くと実務上使われることは稀であることから、本書中で詳細の解説は省略します。

第4章

第三者承継事例

○○皮膚科成功事例

1 承継施設の概要

　地方の国立大出身の皮膚科専門医が大学病院、機関病院等での勤務を経て昭和の終わりに雑居ビル2階で無床診療所として開業、翌年には斜め向かいのビル2階に移転、旧法下での医療法人化を経て賃借しているビルの雨漏りのため平成中期に近隣の旧街道筋に新築されたビルの1階に移転。

　歯に衣を着せない名物女性院長の人気や土日診療もあって広い範囲から患者が集まり、院長が80歳を迎えても1日平均外来数100人以上、夏季には1日200人を超える患者が来院していました。

2 契約に至る経緯

ア　売り手側

　80歳を過ぎた院長が引退を公言しはじめたため筆者岸部（行政書士）が承継相手を探しにかかったところ、一般社団法人医業承継士協会の会員で本書の著者でもある川﨑氏（弁護士）より、自身が役員を務める介護医療系ベンチャー企業の代表者が元々は皮膚科専門医であり、会社と並行して診療の場を持つために診療所の承継案件を探してほしいとの相

談が持ち込まれました。

　大筋の譲渡条件のすり合わせを済ませたところで TOP 面談の場を設けたところ、双方医師が高齢者施設での寝たきり患者に褥瘡が多く、皮膚科医として看過できないという共通の問題意識を持っており、それに対する診療方針も一致、買い手医師が指導を受けた教授が売り手医師と同門であったこともあり、条件面よりも同じ方針での医療を時代に即して UP DATE しながら継続することで譲渡の方針が決定しました。詳細は間に入った岸部と川﨑弁護士に委ねられ、和やかな中で以下の方針が決定しました（岸部）。

①	譲渡対価	旧法法人の持分 100% の譲渡対価とする
②	引渡資産	引渡日時点の資産は売主側の退職金原資として払い出し、純資産＝出資額の状態で引き渡す（実際には引渡後の清算）
③	引渡状態	売主側スタッフは退職金を支払って全員退職し、社員は全員退社、役員は全員辞任とし、それぞれの届出書は売主が取りまとめる
④	責任と負担	引渡日までに発生した債権債務は売主、それ以降に発生した債権債務は買主にそれぞれ帰属するものとし、引渡日以降に清算する

イ　買い手側

　川﨑が役員として関与している介護医療系ベンチャー企業（社長が皮膚科医）では、介護と医療をつなぐため、往診が可能な診療所を持つことを検討していました。そうしたところ、ちょうど開院を検討していた地域に、引退を予定されている医師がいらっしゃると、本書の共著者である岸部氏から紹介を受けました。

　紹介を受けてお話をする機会を設定したところ、世代を超えて意気投合。ベンチャー企業と並行して事業を進めることを検討していた我々としては、院長がされていた土日診療を引き継ぐことができるというメ

リットも大きく、あっという間に基本合意がなされるという状況となりました（川﨑）。

3　問題となった点

売り手側ドクターが高齢であり、カルテ等の診療に関する記録のみならず、請求や支払いもすべてがカミと現金という状況でした。ICT を駆使して医師が介護施設を支援するベンチャー企業を興している買い手医師は当然ながらすべて電子化が前提であり、カルテ移行に際しては「人海戦術」で入力、引渡後も返戻、再請求のために旧式のレセコンを残して対応する必要がありました。

4　一連の流れ

買い手側

ア　基本合意から譲渡契約まで

売り手側院長が引退時期を明言されていたこともあり、デューデリジェンスを含めた手続きは急ピッチで進められました。同院長と旧知の仲でもある岸部氏と連携することで、かなり強引なスケジュールではあったものの、問題なく契約締結までに至りました。

また、同院長は「クリニック名や法人名は好きに変えてよい」とおっしゃっていましたが、地域の方々に愛される院長であったので、クリニック名も法人名も変えずに引き継ぎました。

イ　引渡からオープンまで

当初は、院長と次期院長が並行して診療にあたることで、スムーズな引継ぎができればと考えていました。

　しかし、院長が引退時期を明言されていたことから①引渡日以降、院長は関与しない（前院長がいては、我々がやりにくいだろうとの配慮もあったようです）、②既存のスタッフは院長と一緒に全員退職、③引渡からオープンまでは2週間ということとなりました。

　ベンチャー企業のメンバーは、医師、看護師が揃っていたため、受付スタッフを川﨑（弁護士）とベンチャー企業の役員（ITエンジニア）とスタッフ（介護士）で回すこととしました。

　また、承継にあたり、往診を行うことからクラウド型の電子カルテを導入し、紙カルテからの移行を進めました（オープンまで時間がなかったため、クリニックに泊まり込みで作業しました）。

ウ　オープンから現在に至るまで

　オープン時は、医療事務経験がまったくないメンバーが受付（しかも全員男性）であったうえ、初日から100名を超える患者がいらしたため、患者にご迷惑をおかけした部分がありました。しかし、幸いすぐに慣れ、約1年、この体制で診療を行いました。

　その間に、キャッシュレス決済の導入、整理券による順番待ちの緩和やウェブ予約を導入し、前院長のスピード感ある診療を引き継ぎつつ、患者さんの利用しやすいクリニックづくりを目指しました。

　現在は、スタッフ採用も進み、筆者が受付業務や保険請求業務を行うことはなくなりましたが、土日は100名〜120名以上の患者が来院されるというありがたい状況となっています。

　引渡後もしばらくの間は新旧院長が一緒に写った写真を院内に掲示し、新院長は「前院長の弟子」として患者に受け入れられ、患者の脱落は最小限に留まりました。

　診療所の構造や名称も含めほとんど変化なく、ICTだけ徹底的に導入した新院長のもとで前院長時代以上に広い範囲から新患も集まり、勤務医を増やして訪問診療にも乗り出して、これまでの皮膚科診療を一歩進めた経営は順調です。

本事例の譲渡スケジュール

		20XX	20XX							
		~12月	1月			2月			3月	
			上旬	中旬	下旬	上旬	中旬	下旬	上旬	中旬
譲渡契約	マッチング					事前打診				
	契約締結	契約書提示		調整	内容確定	調印式				
	代金決済					手付金				
	引渡									
資産	引渡資産確定		リストアップ			調整	確定			
	決算									
	役員退職金支払									
人事労務	勤務医				入職			給与支払		
	退職金				制度作成	試算	確定	提示		
	退職	意思確認						退職届		
	社会保険・労働保険									
現場	往診(勤務医扱い)					往診開始		保険請求		
	資産		リストアップ			関係先通知				
	カギ、印章、印鑑カード									
	レセプト請求									
許認可届出	勤務医					届出				
	保険医登録変更									
	RXX決算									
	社員変更								入社	並走期間
	役員変更									予選
	管理者									
	法人登記									
	診療所									
	保険医療機関									

下旬	4月 上旬	中旬	下旬	5月 上旬	中旬	下旬	6月 上旬	中旬	下旬
29日 残金決済									
締め						決算 確定			
仮払							確定支払		
給与支払									
31日 支給									
31日 退職									
退職手続									
保険請求									
棚卸、 返品	納品								
31日 引渡									
	3月分 請求 （5日）		2月分 振込			3月分振込			
							資産登記	届出	
退社									
辞任	就任、 登記	届出							
辞任	就任、 届出								
					目的変更 登記申請	登記 完了			
					診療所 開設許可 申請	開設届出			
						保険医療機 関指定申請 （遡及）			

5　こうすれば良かったポイント

　医師同士の引合せで意気投合してしまい、詳細を検討する前に当事者間で結論が出てしまうという、暴走気味の進み方となってしまいました。たまたまこの事例ではうまくいったものの、何らかのきっかけで不信感が芽生えてしまった際には取り返しがつかない溝ともなり得るため、冷静に諸条件を詰める機会を早めに持つべきでした。

6　まとめの一言

ア　売り手

　80代医師から30代医師へと一気に半世紀も若返る承継でしたが、同じ使命感を共有する医師相互の信頼関係に基づき結論が確定したため、相互に事務的作業を確認するのみで譲渡はスムーズに進行しました。
　医業承継の本質は、医師から医師へのバトンタッチにほかならないことを最確認した一例です。

イ　買い手

　院長の思いを受け継ぎつつ、ICTを活用したクリニックを作ることができたのは、とても感慨深いものがありました。前院長と次期院長の相性がクリニックの事業承継のカギであることを再認識したケースでした。

━ 第2節 ━
承継アテンドなし案件

1　承継施設の概要

　千葉県某市・住宅街の個人開設のA内科クリニック。73歳のA院長は当地で30年以上にわたり循環器を中心とした診療を続けてきており、穏やかで丁寧な診療は地域のかかりつけ医として多くの患者から支持を得ており、患者数は多いときは60人／日を超えていました。

　A院長はまだ健康で診療に支障はないものの、そろそろ若い先生に後を譲ってゆっくり過ごしたいとの想いを持っていました。設備はやや老朽化しているものの一通りのものは揃っており、また内装も10年ほど前に改修したことから、そのまま不足なく診療継続できる状況です。またご子息は大学病院に勤務する外科系の医師で、まだ若く大学を離れて開業医になる気はなかったため、早めに第三者承継を検討していました。

2　契約に至る経緯

　そのような折、かねて懇意にしていた製薬メーカーの営業マンから開業場所を探している40代のB医師を紹介され、複数回面談した結果、医師としての考え方にお互いに共感して承継の話を進めることになりました。また、あわせてB医師は週1日非常勤勤務に入り、実質的な引継を念頭にA内科クリニックの患者の診療をすることになりました。

A院長は承継に際し、「儲ける気などなく、そのまま承継してもらえたら設備などは格安で譲ってもよい」と仲立ちした営業マン経由でB医師に伝えており、このふわっとした概要以外の契約書面や施設・設備の情報等がまったくない状態で、双方とも承継の話がまとまったものと考えていました。

　その後、具体的な段取りが明確にならないまま目途となるタイミングが近づいてきたことに不安を持ったA院長はその営業マンを急かし、何とか適当と思われる金額を書面化してB医師に提示しました。

3　問題となった点

　　A院長の条件は、次のようなものでした。

・内装や医療機器、事務機器等は比較的最近入れ替えたものもあり、会計上のいわゆる「帳簿価額」で譲る
・営業権の対価は、平均利益の3年分を適正な売買金額としたうえで、「特別に」大幅に値引いて1.5年分とする

　承継条件としてはあながち不適当とはいえないものの、B医師は「格安＝実費」程度の認識でいた様子で、急に想定外に多額の資金が必要となったことに戸惑い、そこでようやく譲り受ける施設や収支の内容、スタッフの雇用条件などをシビアに確認すべく情報提供を求めました。しかし、A院長としては「せっかく良い条件で譲ってあげるのに」今更面倒な話を蒸し返す姿勢に逆に不信感を持ち、禅譲の雰囲気から一転して譲渡条件の駆け引き状態となってしまいました。

4　顛　末

　その後、薬品卸会社が仲介に入る形で何とか基本契約に漕ぎ着けたものの、承継予定日を間近に控えたある日、院内の業務用エアコンの不調が発覚。入れ替えが必要なレベルだったこともあり、当然A院長の下での修理を希望するB医師に対し、現状有姿での売買を主張するA院長の間で意見が纏まらず、これがきっかけで承継そのものが棚上げ・延期を経て破談となってしまったのでした。

　幸い契約書面が不完全であったことからお互いそのままフェードアウトとなりましたが、A院長は周知した院長交代の話の取消しに追われることとなり、また、B医師は前職を退職していたため急遽他のパート勤務を拡大し、新たに他の開業地を探すこととなりました。

5　こうすれば良かったポイント

　他人同士の事業譲渡は、当然ながらまず基本条件を双方でしっかり確認してから進めるわけですが、特にテナント形式のクリニック承継の場合、診療継続に重点を置くあまりに形式を軽視し、後からお互い想定外の問題が生じて破談になるケースがままあります。

　A内科クリニックの場合、基本的なマッチング相性は決して悪くなかったはずですが、A院長は自分で考えるクリニックの価値をかなり高額に認識しており、その結果、"安く譲ってやった"との想いから抜け出せなかったこと、またB医師の側は"先代の想いを継いで地域医療を守る"意識が中心で対価に関する認識を欠いていたこと、そしてその両者を繋いで擦り合わせる役目を負えるきちんとした仲介者が不在であったこと、が承継失敗の決定的な要因であったといえます。

239

6　まとめの一言

　承継する側、される側ともクリニック承継には多くの重要ポイントが
あることを大枠で理解すること、そして手近な知合いではなく、承継実
務の知識・経験を持った専門家を探して依頼することが承継成功の第一
歩。

─第3節─
承継後脱税発覚事件

1　承継施設の概要

　開業を考えていた都内大学病院勤務のC医師は、先輩開業医経由で銀行からの紹介を受け、Dメディカルクリニックを承継しました。

　Dメディカルクリニックは埼玉県内のJR駅前にある内科クリニックで、創業者であるD理事長が約30年前に開設、その5年後に法人化したいわゆる持分ありのクリニックです。

　駅前立地を生かして企業健診など保険外診療も積極的に行っており、患者数も多く地域でも定評のあるクリニックでしたが、D理事長の病気を理由に急ぎ承継先を探していました。

2　契約に至る経緯

　承継方法はD医療法人の持分譲渡によるもので、現役員に規定上の役員退職金を支給し、それ以外の財産・債務はそのままの形で社員の入退社、役員変更を経て行う形です。提示された出資持分の対価は相応に高額ではあるものの、旧法医療法人の希少性も考慮すると概ね妥当な金額と思われ、早めの分院展開を考えていたC医師は納得して契約へ向かいました。

　また、契約は紹介元銀行のM＆A部門にFAとして入ってもらい、

一通りの表明保証条項を盛り込んだ基本合意書を結んだうえで対外契約の確認や労働関係等の個別事項、また行政届出の整備を行い、万全な経営の承継に備えました。

その後、諸々の合意条項を盛り込んだ最終契約を経て対価の支払いも完了し、無事に新たな経営陣の基でリスタートとなったD医療法人。事前の準備も奏功して承継時のストレスもほとんどなく、さらにC新理事長の手腕により承継前より順調に患者数を伸ばしており、経営的な死角はどこにもないように思われました。

3 問題となった点

承継2期目に入った矢先、所轄税務署から税務調査の通知を受け、翌週から実地調査となりました。調査前、C新理事長は承継後の実質1年間にも満たない期間だけを責任範囲と軽く考えていましたが、調査が始まってみると対象期間には当然のように承継前も含まれており、まったく預かり知れぬ収支について、調査官に言われるままそれらしい帳簿や証憑書類を検証なしで提供することで対応せざるを得ませんでした。

特に収入管理に関しては、資金の流れや会計処理を古参の事務スタッフに聞いて返答対応していましたが、その過程でなんと過去の企業健診の収入が大幅に会計から欠落していることが発覚したのです。

企業健診の入金管理はD前理事長が一手に行っており、事務スタッフは健診結果の報告書の発送までしか携わっていませんでした。そして倉庫に一部残されていた請求書控えにある銀行口座は医療法人名ではあるものの会計管理外で、その後調べたところ口座からは定期的に現金の引出しがあり、通帳残高は殆ど残っていませんでした。

その後税務調査は長期間に及び、その過程で組織的な収入の脱漏は7年間遡って調査対象となり、しかもこの場合まず重加算税の対象となることから、延滞税と合わせたペナルティだけでも相当な額が見込まれる

というとんでもない状況となったのでした。

4　顛　末

　想定外の事態に慌てたＣ理事長は事の経緯を確認しようとＤ前理事長に連絡を取ったところ、悪いことにＤ前理事長はその後病状が悪化して数カ月前に亡くなってしまっており、理事であったはずのその家族はこの件に関し、まったく関知していないと言います。

　決算報告と納税は医療法人の責任で行うものであることから、たとえ理事長が代わったとしてもその責任はそのまま引き継がれ、修正申告等による納税の義務は現在の医療法人が負うことになります。もちろん前理事長にその責任を問うことはできるものの、税務的には一旦申告・納税を済ませる必要がありました。

　やむを得ず銀行から運転資金融資を受けて納税を済ませ、その後遺族に対してその額を求償することとなりましたが、やはりすんなり応じるはずもなく、最終的には遺族と旧役員を相手取った損害賠償請求を提訴するという騒ぎに発展したのです。

　持分譲渡契約の当事者が既に死去しており、表明保証の責任追及が難しいところでしたが、裁判は数年かけてようやく和解が成立し、結果として税金分は何とか取り戻すことができました。

　しかし、この件に要した時間的・精神的コストは大きく、投資の全額回収には改めてまだまだ時間がかかりそうな状況です。

5　こうすれば良かったポイント

　法人の承継をする場合、承継者は包括的に法人の持つ債権債務を承継することとなることから、前オーナー時代に生じた債務やリスクはすべ

て詳らかにしたうえで契約をする必要がありますが、なかでも読みづらいものの1つが税務調査による税務リスクです。

　大前提として、法人としての過去の行為について現経営者が一義的に責任を負うことになることをまず理解し、そのうえで作為・不作為による追徴納税が生じた場合のそれぞれのケースを想定した契約条項を設定すること、さらに複数関係者の連帯責任を問える契約形態にすること、などの工夫がその対応策となりそうです。

　本件のようなケースは稀ではありますが、法人の承継を安易に考えるのは危険であることの貴重な証左となった案件でした。

┃ 6　まとめの一言

　承継は、転ばぬ先の杖をできるだけ用意して慎重に進めるのがお互いにとって幸せ。

━第4節━ 院長急降板案件

1　承継施設の概要

　医療法人で分院開設を目論んでいた医療法人E会は、紹介会社を通じて都下東部で内科を開設している医療法人F会のGクリニックの買収を打診されました。

　医療法人F会はFクリニックとGクリニックの2施設を開設しており、分院であるGクリニックは施設の老朽化はあったものの院長G医師の高齢を感じさせない熱心な診療スタイルから多くの患者がついており、決算書類上も相応の利益が計上されていました。

　F理事長は、医療法人の財務状況の改善と合わせて本院の運営に集中したいとの理由からGクリニックの売却を希望していました。

2　契約に至る経緯

　管理者ドクター付き、盛業中のクリニックということもあって競合相手も複数いましたが、結果的には提示価額の1.5倍で競り勝って無事、医療法人E会がGクリニックを買収する運びとなりました。

　ここでクリニックの収益源泉がG院長にあることを改めて認識したE理事長は、契約にあたって「G院長は買収後3年間管理者を継続すること」を条件に加えることを提案しました。勤務の継続を契約条件とする

のは有効性から問題がある旨の指摘もありましたが、この点に特にこだわって年俸条件も設定した結果、本人の同意とともにこれを契約条項に盛り込んだ契約が成立しました。さらに、内装も予算をかけて思い切って改装し、新たな経営の下、Gクリニックは順調に再スタートを切ったのでした。

3　問題となった点

その後問題なく運営が続くに思えたのですが、買収後3カ月が経過したところでG院長が体調を崩し、短期の入院となりました。Gクリニックは代診を立てつつ診療継続したのですが、その後の検査で何と、G院長が末期がんで余命1年と診断されたのでした。

あまりのことに驚愕したE理事長は、本人、周囲がいつから病状を認識していたのか、F理事長、紹介会社はその事実を把握していたのか、の点について総掛かりで調査を始めたのですが、個人情報の壁に当たってなかなか思うように情報を得ることができず、責任の所在が曖昧なままG院長は退職となりました。

4　顛　末

E理事長はやむなく別の紹介会社を通じてようやく新院長を採用し、そのままGクリニックの運営を続けましたが、優秀なスタッフの退職も重なって患者数は減少し、また発破をかけた新院長も短期で退職するなど様々なコストも嵩んで往事の収益性を回復するのは厳しい状況が続きました。

E理事長は健康詐欺にでも遭ったような心持ちで一時は買収のキャンセルも考えましたが、承継契約にこれを担保するような条項はなく、ま

た道義的にもＧ院長の責任を問うことができず、諦めざるを得ない状況でした。

　高い買い物となりましたが、割り切ってクリニックの活性化を前向きに進め、その後Ｅ理事長自らのてこ入れを経て漸く復調の結果が出始めたのは買収後３年が経過する頃でした。

5　こうすれば良かったポイント

　腕のある院長が継続勤務する承継案件は稀少であり、医療法人の分院としてそのまま承継できれば経営上大きな力となりますが、反面、本件のように健康を害して退職するなどのリスクはどのようにしても排除が難しいところです。

　基本は信頼関係、ということにはなりますが、買収前に健康診断書の提出を求めるなどの工夫で一部のリスクを低減することがある程度可能だったといえます。また、院長個人の能力・力に依存し過ぎずに運営できる診療上の特徴なども、同時に検討、導入していくことも大切です。

6　まとめの一言

　管理者付き案件のケースでは、個人医師にその収益力が帰属する場合はその維持を契約で縛るには限界があり、退職や病気等一定のリスクがあるという前提で承継を考える必要があります。

第5節
休眠医療法人買収ケース ①成功事例

　昭和中期の高度成長時代に開業した産婦人科診療所（19床）を平成初期に法人化、最盛期はお産を中心に年間医業収益4億円以上を計上していたものの、H院長の年齢とお産の減少にあわせて無床診療所とした旧法医療法人。院長が体調不良のため診療休止後、数年間放置していたが院長の体調回復が見られないため、クリニックを継がなかった長男I（内科勤務医）が法人理事として診療所廃止手続を進めながら、その後の方針につき知り合いのFPのアドバイスに従い、法人格の売却を試みることとなりました。

　FPが伝手をたどって医業経営コンサルタントに相談したところ、コンサルタントの関与先ドクターが買い手として浮上。法人にここ数年間の繰越欠損金があったこともあり、当時の税法では税務上のメリットも大きいと買い手側税理士が判断、買い手側行政書士が調査したところ売主の協力があれば定款変更して買い手側での診療所開設が可能であることも判明し、500万円で法人譲渡が決定しました。

　売買の条件として、

・引き渡し後4年間は移行期間として売り手側理事が法人に残留する
・移行期間の間は理事および社員の過半数を買い手側とし、実質的支配権は買い手側が持つ
・旧クリニックの解体等で費用の発生する作業は済ませた状態で法人を引き渡し、旧クリニックで発生した債務が引渡し後に法人宛に請求された場合は、売り手側で負担する
・売り手側の問題で定款変更の認可が認められない場合は契約を白紙撤回する

という内容で、その後の手続きを担当する行政書士が双方の同意を基に
契約書を作成し、引渡を済ませました。

　引渡後、契約に基づき理事として法人に残留したＩ医師は、買い手側
クリニックで開催される理事会にも定期的に参加、引渡翌年に亡くなっ
た先代のＨ院長の葬儀にも法人から生花を送る等の関係が継続し、法
人は分院を全国展開、Ｉ医師は契約上の移行期間終了後も外部理事と
して法人運営にアドバイスする等、良好な関係が継続しています。

第6節
休眠医療法人買収ケース
②なんとか成功した事例

　関西圏の眼科診療所を法人化、当初の数年間は順調に継続したものの後継者のないまま理事長が引退、クリニックを廃止し、法人（旧法）は休眠状態でした。数年間のブランクののち、理事長の甥の眼科診療所開業に際し税理士からのアドバイスで、理事長からの支援として法人を資産ごとすべて譲渡することとなり、甥を新理事長として社員、役員も全員交代して再開を図りました。

　新理事長となった甥が県に法人の定款変更認可を打診したところ、ブランク期間中に県への事業報告や役員の改選を一切していなかったことから審査は保留となり、前理事長時代のクリニック廃止時に遡ってすべての手続きを行い、新旧理事長の連名で県へ始末書を提出する必要が出てきたため、定款変更の認可を受けるまで約1年半を要しました。

　そもそも、法人格があれば直ちにクリニックを開設できると当事者の全員が思い込んでおり、誰も医療法人制度を知ろうとしていなかったことが問題でした。

─ 第7節 ─
休眠医療法人買収ケース③詐欺被害の事例

　東北地方で内科診療所を開業したＪ医師は、近隣にできた有料老人ホームから訪問診療を依頼されました。外来患者数が伸び悩んでいた時でもあったため即座に了承、有料老人ホームを経営する地元の建設会社のＫ部長に言われるまま在宅療養支援診療所としての施設基準届を提出し、見よう見まねで在宅医療を始めたところ約半年で在宅患者は急増、それまでの外来診療の収益以上の収益を在宅で稼ぐようになりました。

　数年後、クリニックの経営も安定してきたところで、建設会社のＫ部長が隣接する街にも有料老人ホームを開設することになったので、そこへも訪問診療をお願いできないか？と持ち掛けてきました。回答を保留したＪ医師は、療養担当規則で往診、訪問診療は特別な理由がない限り診療所から16km以内という制限があることを知り、それを口実に断ったもののＫ部長は諦めず、本院から16kmを超えるようだったら新設の有料老人ホームに小さな診療所スペースを作り、安く賃貸するのでそこに分院を出してはどうか、と引き下がりませんでした。分院など考えたこともなかったＪ医師は、自院は個人開設であって分院を持つことはできないことを説明したところ、一旦引き下がったＫ部長は、休眠医療法人を買収して本院と分院をそれぞれ開設することは可能であり、売りに出ている法人も見つけてきた、とのことでした。

　断り切れずにいるＪ医師を車に乗せたＫ部長は、医療法人Ｌ会のオーナーと称する人物に引き合わせ、あれよあれよという間に医療法人Ｌ会の売買は決定、Ｊ医師は医療法人Ｌ会の「理事長」に収まりました。

　分院については工事がまだまだかかりそうとのことで、ひとまずＬ会の定款変更の認可を受けて本院を医療法人Ｌ会による開設に移行し

たところ、ほどなくして以前L会のクリニックがあった県の国保連から書面が届きました。開くと、診療報酬の請求内容に総額で数十万円の過誤請求があったため、自主返還するなら今のクリニックの医療機関コード等を記載して返送されたし、といった記載がありました。前院長時代の診療報酬であり自分とは関係ないと思ったJ医師は国保連に電話を入れ、間違って届いたので破棄してよいか？と確認したところ、担当者は、間違って届いたのではなく間違いなく医療法人L会の現在の所在地宛に送付したものであり、前院長時代であろうがL会の過誤請求であるためL会から返還して貰うほかはない、あとはドクター同士で話し合ってください、という回答でした。慌ててK部長に連絡したJ医師でしたが、弁護士とも相談したところ国保連の担当者の言うとおり、過誤請求が事実であればS会で返還するほかはないとのことであり、仕方なくJ医師は自分が院長を務めるクリニックの診療報酬からの相殺を認める文書を国保連に送付することしかできませんでした。もちろん、弁護士を通じてL会の前理事長とオーナーと称する人物に損害賠償請求を求める書面を送りましたが、その弁済はありませんでした。

　それどころかその翌々月には、全く見知らぬ会社から総額1億円近い「貸金返還請求」を求めるという身に覚えがない内容証明郵便が届き、あわてて弁護士に相談したところ、こちらからあえてアクションを起こす必要はないとの判断で静観していましたが、その翌月には裁判所から「訴状」が届き、医療法人L会は被告になってしまいました。

　裁判では先方の書証として、借主として医療法人L会の前理事長の記名に続き、今はJ医師の手元にある医療法人L会の理事長印が鮮明に押印された「金銭消費貸借契約書」が提出されており、それに対して何も反論できなかった医療法人L会は敗訴、請求金額のほぼ全額を支払うハメになりました。

　ただその契約書にある貸主の住所は当時のL会の売主となった「オーナー」と称する人物の事務所所在地と同じビル内である等明らかに不審なものであったため、J医師は地元の警察に相談したところ、警察は詐

欺事件として捜査に着手、翌年にはオーナーと称する人物と前理事長は逮捕され、有罪となりました。しかし、お金が戻ることはなく、多額の詐欺被害を受けたＬ会は債務超過に陥り、分院開設も開設資金がないため定款変更の審査段階で認められず、なんとか本院だけで運営する状態が続いています。

─ 第8節 ─
譲渡後に近隣に開業されてしまった事例 [+]

　関西圏の消化器外科中心の無床診療所（個人開設）、前院長体調不良のため引退したい旨を聞きつけた医療機器ディーラーの担当者が取引先病院の院長に相談したところ、その病院に勤務していたドクターが買主候補となり、承継に関する条件の調整等をしないままディーラー仲介の下で承継することが決まってしまいました。

　ディーラーへの不可解な支払いを含めて返済が疑問視されるほど多額の借り入れを起こしての承継開業でしたが、前院長以上に丁寧な診療が評判を呼び、承継した患者以外にも患者数は増加、数年後には医療法人化を検討するところまで業績は好調に伸びていました。

　そんななか、体調が奇跡的に回復した前院長が、承継後の新クリニックの診療方針が自分の診療方針と異なり、自分の患者を任せておけないと言いはじめ、規模は小さいながらも同一診療科目で真向かいに再度開業、承継したはずの患者の一部がそちらに流れ、借り入れの返済はさらに困難となりました。

　たまりかねて弁護士に相談したところ、そもそも譲渡契約書らしきものは複数存在しており、どれが本当の契約条項か確定できないうえ、どの書面を見ても契約条件に近隣での開業不可等の条項がないことから、体調回復した売主が近隣で再度開業することを規制する根拠が見当たらず裁判をしても負ける可能性が高いとのことで、買主は何もできませんでした。

　ただ、再度開業した売主も体調が思わしくないとの情報もあり閉院の噂も流れはじめ、買主側は共倒れの恐怖におびえながら売主が閉院してくれるのを待つ「がまん比べ」の状況が続いています。

＜編者＞

一般社団法人医業承継士協会

　過疎地において地域住民に存続を望まれつつも後継者不在のため廃業したクリニックの支援をきっかけに、医業承継の正しい知識を持ったプロフェッショナルを多く支援することで地域医療に貢献しようという理念により、2015 年 4 月に設立した団体。

　承継のマッチングだけではなく、各士業や医療コンサルタントの研鑽の場として、研修等を通じて医療承継に関する正しい知識を身に付けたものに対する医業承継士®資格の付与も行っている。

〒 104-0045　東京都中央区築地 2-15-19　ミレニアム築地 6F
URL：https://clinic-shoukei.jp/
連絡先：（e-mail）kouza@clinic-shoukei.jp　（TEL）03-6264-1588

＜著者＞

川﨑　翔（かわさき　しょう）

よつば総合法律事務所東京事務所　所長
URL：https://www.iryoukikan-yotsubasougou.com/
ドクターメイト株式会社　CLO（最高法務責任者）
URL：https://doctormate.co.jp/
2006年東京大学法学部卒業。2008年中央大学法科大学院終了、同年司法試験合格。2009年より弁護士（第二東京弁護士会所属）。父、弟、義兄、義妹が医師という環境もあり、医療機関（クリニック）に対するリーガルサービスに特化。個別指導の対応（帯同）、医療機関の労務トラブル、事業承継等を多く取り扱う。医師と立ち上げたベンチャー企業や、事業承継を受けたクリニックを実際に経営し、現場に則したアドバイスを心掛けている。
＝執筆＝
週刊『日本医事新報』連載「識者の眼」
『交通事故における素因減額問題』（2014.8 保険毎日新聞社／共著）
＝講演＝
「病医院のリスク管理」（2014.10 松戸流山産婦人科医会）
「整形外科医がおさえておきたい交通事故診療と後遺症」（2016.11 柏整形外科医会、2017.9 広島県臨床整形外科医会）
「レセプト請求に関する「個別指導」にどう対応すべきか」（2018.1 医師向けセミナー）
「弁護士の立場から見た交通事故診療の諸問題」（2018.12 茨城県医師会）
「厚生局による「個別指導」にどう対応すべきか？」（2019.1 柏地区病院事務長会）
「母体保護法に関する法的諸問題」（2019.10 千葉県産科婦人科医学会）など多数

岸部　宏一（きしべ こういち）

行政書士法人横浜医療法務事務所
有限会社メディカルサービスサポーターズ　代表パートナー
URL：http://www.med-ss.jp/
1965年 東京生まれ（秋田育ち）　1988年 中央大学商学部卒
特定行政書士、日本医師会医療安全推進者、2級福祉住環境コーディネーター、個人情報保護士、医業承継士
バイエル薬品㈱で10年余MRを経験後、医療法人（人工透析・消化器内科）事務長として医療法人運営と新規事業所開設を担当。2000年より㈱川原経営総合センター（川原税務会計事務所／現税理士法人川原経営）で医業経営コンサルタント修行後、2003年独立。全国の医療機関の経営支援実務の傍ら、医療法務の第一人者としての啓蒙・啓発活動を継続している。
一社）医業承継士協会理事、一社）医業経営研鑽会理事、MedS.医業経営サポーターズ代表

=資格=
特定行政書士、日本医師会医療安全推進者、2級福祉住環境コーディネーター、個人情報保護士、医業承継士
=連載=
『日経ヘルスケア』連載「診療所経営駆け込み寺」
日経メディカルオンライン連載「クリニック事件簿」「ある日院長が倒れたら」
「With コロナ下での小児科クリニック経営戦略」（Me d Peer／小児科医向けお役立ちコンテンツ）
=執筆=
『クリニック開業を思いたったら最初に読む本』（2016.6 日本法令／共著）
『小説で学ぶ クリニック承継 ある院長のラストレター』（2017.6 中外医薬社／共著）
『医療法人設立認可申請ハンドブック』（2017.9 日本法令／共著）
『病医院の引き継ぎ方・終わらせ方が気になったら最初に読む本』（2019.5 日本法令／共著）
『クリニックのための書式とその解説（書式テンプレート180)』（2020.7 日本法令／共著）
『クリニックが在宅医療をはじめようと思ったら最初に読む本』（2021.2 日本法令／共著）
『3訂版 医療法人の設立・運営・承継・解散』（2021.2. 日本法令／共著）

岸本 彰彦（きしもと あきひこ）

行政書士法人横浜医療法務事務所
有限会社メディカルサービスサポーターズ 執行役員パートナー
URL：http://www.med-ss.jp/

1975年 千葉県生まれ　1999年 立教大学社会学部卒
㈱テルモで MR を経験、㈱川原経営総合センター医療経営指導部にて医業経営コンサルティングに従事。2005年㈱NTTデータ経営研究所にて厚生労働省等行政機関の政策研究受託業務、一般企業の医療周辺コンサルティング業務、医療機関の経営コンサルティングに従事、その後医療系ファンドにて病院再生業務に従事したのち 2010年メディカルサービスサポーターズに参画。医業経営コンサルタントとして、政策立案から医療現場さらには医療周辺業務まで幅広い知識と経験を活かし医療分野の活性化をサポートしている。また近年では事務長業務代行や管理者と従業員との橋渡しなど、医療業務に精通した人事労務マネジメントに強みを持っている。
=執筆=
『病院羅針盤』連載「病院活性化のための戦略と戦術」（2017.4～2018.3）
『月刊金融ジャーナル』「病院再生における地域金融機関の役割」（2007.5）
『情報未来』「地域金融機関との協業による病院再生の提案」（2007.2）「ニューロコンサルティングの時代」（2008.8）

小島 浩二郎（こじま こうじろう）
税理士法人晴海パートナーズ　代表社員
URL：http://harumi-partners.jp/
1972 年 東京生まれ　2000 年税理士登録

大学卒業後に大手税理士専門学校講師を経て、千代田区の税理士法人入社、中小企業、病院・クリニックなどの医療法人・個人の税務申告やコンサルティンを行う。2003 年独立、2015 年 1 月に弁護士 7 名税理士 2 名で中央区築地に晴海パートナーズグループ立ち上げ社会保険労務士事務所、行政書士事務所が加わり現在に至る。

病医院に対する 300 件以上の財務コンサルティングと中小企業の M&A のコンサル実績があり、またスポーツ組織の支援も行う。

一般社団法人医業承継士協会代表理事
公益社団法人日本新体操連盟　監事
一般社団法人日本アーバンスポーツ支援協議会　監事 ほか

＝執筆・セミナー＝

（書籍）

『病医院の引き継ぎ方・終わらせ方が気になったら最初に読む本』（2019.5 日本法令／共著）

『クリニックが在宅医療をはじめようと思ったら最初に読む本』（2021.2 日本法令／共著）

『21 世紀を勝ち抜く病医院の経営ノウハウ』（2007.7 ぎょうせい／共著）

『図解 今すぐ役立つ、頼りになる　社会保障オールガイド』（2018.1 そらふブックス／監修協力）

中澤 修司（なかざわ　しゅうじ）
税理士法人晴海パートナーズ　代表社員
URL：http://harumi-partners.jp/
1963 年 長野県生まれ　1986 年 中央大学商学部卒
1992 年 税理士登録 都内税理士事務所勤務後、公認会計士町山三郎事務所（現：税理士法人アフェックス）に入社、同社医療事業部長として長年にわたり多くの医療機関クライアントの税

務・経営全般に関与し、開業支援や医療法人設立、組織変更や承継に携わるほかセミナー等も数多く手がける。

2015 年 4 月、税理士法人晴海パートナーズを開設し代表社員就任。それまで培った経験・データを生かし、クリニック経営に纏わる全ての問題に的確に対応するサービス提供を行っている。

一般社団法人医業承継士協会　理事
一般社団法人クリニック開業研究会　代表理事
＝執筆＝
『勝ち続ける病医院の最新経営ノウハウ』（2008.3 ぎょうせい／共著）
『よくわかる医療法人の設立と運営マニュアル』（非売品）
メールマガジン「開業準備虎の巻〜開業ケーススタディ」／「開業ドクターから学ぼう〜どうなる収入！」
『クリニック開業を思い立ったら最初に読む本』（2016.6 日本法令／共著）

クリニックの第三者承継実務
～売り手・買い手の承継手順と法務・税務

令和 4 年 4 月 10 日　初版発行
令和 6 年 1 月 10 日　初版 2 刷

日本法令®

〒 101-0032
東京都千代田区岩本町 1 丁目 2 番 19 号
https://www.horei.co.jp/

	検印省略

編　者	医業承継士協会
著　者	川　﨑　　翔　一
	岸　部　宏　一　彦
	岸　本　彰　一　郎
	小　島　浩　二　司
	中　澤　　修
発行者	青　木　鉱　太　光
編集者	岩　倉　春　光
印刷所	日　本　ハ　イ　コ　ム
製本所	国　　宝　　社

（営　業）　TEL　03-6858-6967　E メール　syuppan@horei.co.jp
（通　販）　TEL　03-6858-6966　E メール　book.order@horei.co.jp
（編　集）　FAX　03-6858-6957　E メール　tankoubon@horei.co.jp

（オンラインショップ）　https://www.horei.co.jp/iec/
（お 詫 び と 訂 正）　https://www.horei.co.jp/book/owabi.shtml
（書籍の追加情報）　https://www.horei.co.jp/book/osirasebook.shtml

※万一、本書の内容に誤記等が判明した場合には、上記「お詫びと訂正」に最新情報を掲載
　しております。ホームページに掲載されていない内容につきましては、FAX または E メー
　ルで編集までお問合せください。